消费者行为心理学

Behavioral Psychology Of Consumer

张易轩◎编著

中国商业出版社

图书在版编目（CIP）数据

消费者行为心理学 / 张易轩编著 . —北京：中国商业出版社，2014.10

ISBN 978-7-5044-8733-9

Ⅰ. ①消… Ⅱ. ①张… Ⅲ. ①消费心理学 Ⅳ. ① F713.55

中国版本图书馆 CIP 数据核字（2014）第 210280 号

责任编辑：朱丽丽

中国商业出版社出版发行

010-63180647 www.c-cbook.com

（北京广安门内报国寺 1 号 邮编：100053）

新华书店总店北京发行所经销

三河市宏顺兴印刷有限公司印刷

*

710×1000 毫米 16 开 14 印张 200 千字

2014 年 12 月第 1 版 2018 年 12 月第 2 次印刷

定价：32.00 元

* * *

（如有印装质量问题可更换）

前言
PREFACE

为什么标价 9.99 元的商品一定比标价 10 元的卖得火？

为什么热情推销的销售人员，反而不如让消费者自由选购商品的销售人员业绩好？

为什么喝彩的只是看客，挑剔的却成了买家？

……

这些问题我们可能早就注意到了，但却并不容易回答，看似简单的消费行为背后其实是与人类复杂心理密切相关的。这其实就是消费行为心理学的内容，《消费者行为心理学》就是为揭开这些消费行为中的小秘密而编写的。

提到心理学，很多人常常会把它与“神秘”“深奥”“难懂”等词语联系在一起，因为人的心理活动确实千变万化。但通过大量的实验以及经验的总结证明，人类的心理活动仍然是有一定规律的，人们对心理现象事实上都很熟悉，只不过由于缺乏科学的理解，因此觉得神秘罢了。因此，只要掌握了其中的规律，并用它来指导实践，成功近在眼前！具体到销售人员来说，消费者行为心理学可以说就是一门必修课程了。因为销售人员说服消费者的过程，就是与消费者进行心理博弈的过程。要想在这场心理战中获胜，就必须洞察消费者在购买行为中的各种心理。

这绝不是信口开河，曾经有一项针对 901 种新产品的调查，结果显示：

如果以一种周到的、符合消费者心理的方式销售产品，那么该产品的销售成功率（在销售环节存在5年以上算是成功）大约为53%，如果是采用缺少心理技巧的一般销售方法，成功率只有24%。运用心理学的方法进行销售的品牌中，对低价竞争的有效抵御力高达82%，而运用一般销售方法进行销售的品牌中，竟然只有10%的产品能够勉强抵御住低价竞争。

总而言之，心理学能够让销售人员花更少的时间和金钱销售更多的商品。更重要的是，如果销售人员能够很好地运用心理策略，那么消费者会更加忠诚，不再对价格斤斤计较。

可见，“要想钓到鱼，就要像鱼儿那样思考”，销售人员要想提高自己的销售业绩，就必须学会站在消费者的角度思考问题。《消费者行为心理学》这本书，不仅会让你了解消费者在消费过程中产生的一系列复杂的、微妙的心理活动，也能指导你针对消费者的各种动机与偏好，采取适当的应对措施，以便更好地说服消费者，并激发消费者的潜在购买欲望。而且，本书不会给你高深的理论，只是从一些常见的消费行为中，发掘一些你不曾注意的，让你困惑的，或者没有深入思考的问题，并从心理学的角度加以解释，从销售实战的角度加以提点，一定可以令你醍醐灌顶、豁然开朗。这样的心理学新鲜、有趣，与你的销售活动密切相关，想必会给你耳目一新的感觉。

本书共分为三大部分，分别从消费者行为中最重要的三个环节，包括消费动力（消费者到底要买什么）、消费选择（消费者是怎样被“诱导”的）及消费决策（消费者都是不理性的）入手，从专业心理学的角度来探究消费者行为背后的真正原因，同时为你提供最实用、最专业的销售技巧。对于销售人员，尤其是初涉销售行业的人来说，相信会大有裨益！

目录
CONTENTS

上篇

消费者到底要买什么

中篇

消费者是怎样被“诱导”的

下篇

消费者都是不理性的

上篇 消费者到底要买什么

第一章 需求心理倾向

消费者的需求心理倾向，是支配消费者具体消费行为的重要因素。美国著名心理学家亚伯拉罕·马斯洛告诉我们：每个人的需求都分为若干个心理阶段或层次，人的需求是沿着这些层次，由低向高发展的；而且，人在当下的活动、思想以及感情的特点，是由他现在所处的心理需要层次所支配的。那么，人的需求层次在消费行为中有哪些表现呢？

为了生存，我得消费

消费者花钱，首先是为了生活。生活必需品的购买维持着我们的生命，如吃饭、穿衣、住宅、医疗等。这些物品是生存的必需，若不满足，则有生命危险。这就是说，它是最强烈的不可避免的最底层需要，也是推动消费者行动的强大动力。一句话：为了生存，我得消费。

然而，即使是对于人类最原始、最基本的需要，消费者的购买行为也并不是一成不变的，其购买决策的有效性会随其消费心理的变化而变化。

比如填饱肚子这件事，本来吃一份10元钱的快餐就能饱肚子，但是最后却吃了一份100元的西式大餐。这里，可以说就有90元的心理消费。

因此，想做一名优秀的销售人员，就一定要对消费者的心理予以高度重视。针对不同的消费者需要采取不同的应对措施，更好地说服并激发他们的潜在购买欲望。

归纳起来，消费者在生存消费行为中主要有以下几种心理动机：

1. **求实**

消费者在购买生活必需品时，首先要求商品必须具备实际的使用价值，讲究实用。消费者的这种求实心理，可以说是消费者普遍存在的心理动机。这种心理动机往往还表现为对物品安全性的要求，尤其像食品、药品、洗涤用品、卫生用品、电器用品和交通工具等，他们往往会重视食品的保鲜期，药品有无副作用，洗涤用品有无化学反应，卫生用品是否卫生，电器用品有无漏电现象，交通工具是否安全等。

2. 求廉

不涉及“小气”“抠门”等个人品质问题，购买物美价廉的商品是消费者基本的购物心理。不仅是经济收入较低者，很多经济收入较高而勤俭节约的人，也往往要对同类商品之间的价格差异进行仔细地比较，精打细算，力求达到“少花钱多办事”的效果。

3. 求美

爱美之心，人皆有之。消费者在讲究实用、精打细算的同时，也会特别注重商品本身的造型美、色彩美，注重商品对人体的美化作用，对环境的装饰作用，以便达到经济实用和精神享受的双重目的。

4. 求新

求新，也是人的一种基本欲望，即在自己的周围环境中寻求新异刺激，以满足自己的好奇心。这种心理动机表现在消费上，即购买物品注重“时髦”和“奇特”，喜欢赶“潮流”。从这个意义上来说，这也是一种从众式的购买动机。

5. 求稳

“求稳”心理，实质上是一种安于现状的习惯性心态，表现在消费中，就是许多消费者常常固定购买某种牌子的商品，即惯性消费倾向。消费者对某种牌子的信任使得其他牌子的推销商很难赢得这些消费者。不过，任何事物都有两面性，自然，商家也可以利用消费者的惯性消费倾向，发掘和稳定自己的目标消费群，培养他们的品牌忠诚度。

6. 求名

衣食住行选用名牌，不仅提高了生活质量，更是一个人社会地位的体现。尤其是在现代社会中，消费者求名的心理动机，主要是以选用名牌产品，来达到显示自己的地位和威望的目的。

总而言之，消费者的购买行为一定是受一种购买动机或者多种购买动机支配的。研究这些动机，就是研究购买行为的原因，了解了购买动机，就好比掌握了扩大销售的钥匙。

我买故我在

消费者的购买行为，有时候也可以作为一项身份活动而存在。尤其是在一个产品丰富得让人无法想象的时代，一个产品差异越来越小的时代，消费者希望通过选择某种产品，来向别人宣告：我是谁、我的喜好、我的品位、我的价值主张、我的身份，等等。套用笛卡尔的一句名言，即："我买故我在。"

从这个意义上来说，营销就是一种身份识别与界定，销售人员通过产品——某种身份的载体——帮助消费者完成自我的表达，消费者通过购买行为建立身份认同，寻找归属感。

一位年轻的女士准备给自己选购一款风衣。她在服装店里边走边看，终于在一件设计比较时尚、个性的风衣面前停下了脚步。销售人员见状就走上前对她说："小姐，喜欢的话可以试穿一下，我看您的身材比较高挑，这件衣服一定可以显出您优美的身材。"

女士试了试，脸上露出了满意的笑容，并询问销售人员衣服的价格。销售人员回答说："1080元，而且因为店庆的原因，如果您现在购买的话还可以给您打九五折，我看这件衣服特别适合您，建议您购买一件吧！"年轻女士很爽快地回答说："好的，这件衣服我要了！"

销售人员见生意谈成，心情也是非常高兴，她边包衣服边恭维地说："小姐您真是太有眼力了，很多人都喜欢这种款式的。"

"哦？是吗？"那位小姐听了这话以后，沉默了一会儿，然后微笑着对销售人员说："不好意思，我想我还是不要了吧！"

这里，让销售人员到手的生意瞬间告吹的根本原因，就是没有抓住消费者对于身份需求的心理倾向。要知道，大多数的年轻消费者都有着自己另类的信念和品位，他们在消费过程中，往往喜欢标新立异，喜欢让自己变得更加独特，在众人之中脱颖而出。因此，他们在购物的时候，总是喜欢比较另类、大多数人不曾购买的东西。很明显，这个案例中的女士就属于这样的消费者，和其他人穿着一模一样的服装，一定是她不能容忍的，销售人员最后的那句恭维话致使到手的生意泡汤了。

对于这样的消费者来说，只有将产品与他们的价值主张和身份属性划上等号，他们才会获得身份认同感、归宿感和安全感，才会比较容易接受销售人员的意见。这也就是"身份"在销售活动中的奇妙力量。

对于需要用产品来证明身份的消费者来说，他们或许根本不会注意产品本身的质量及特性，因为他们更关心的问题是谁在用它。比如，汽车销售员在推荐一款豪华轿车时，可以引导消费者从不同的角度观看车的款式，让他看到汽车造型是多么气派；请他坐在车上，感受车子的宽敞、舒适及豪华；还可以拿出几位商场知名人士签下的订购合约，给他过目……这是因为计划购买豪车的消费者，一般都是具有高收入的人，他们自己并不亲自开车，往往备有专职的私人司机；他们本人对车子并不是很了解，需求的重点只有两个字——"气派"。因此，销售人员即使只针对"气派"这个诉求进行说服，也可能会很快与消费者成交。

当然，消费者对于身份的需求可能会因为不同的社会地位、职业特点而有所不同。同样是汽车，如果是销售价位不高的普通家用型轿车，"气派”诉求就可能不会成功了。这时，销售人员除了要把重点放在经济和实用的特征上面外，也要根据消费者的个人特点，突出自己产品的某种特色以适应其身份，从而打动消费者。

因此，销售人员在推销过程当中，要善于从消费者的言谈举止中发现其心理倾向，然后再针对其心理态势寻找突破口，了解什么对这个顾客具有最大的吸引力，什么是这个顾客最为需要的。只有了解了这些，并满足顾客迫切需要的利益，销售才能取得成功。

买了是要给人看的

很多时候，消费者买一样东西看中的并不完全是它的使用价值，而是希望以此来显示自己的财富、地位或者其他方面的优势，以引起别人的关注。一句话，买了是要给人看的！比如一辆高档轿车、一部昂贵的手机、一栋超大的房子、一顿天价年夜饭……“不求最好，但求最贵”，制度经济学派的开山鼻祖范伯伦将此称之为炫耀性消费。

相信社会上相当一部分人是从这个角度出发消费的。而且对自我的评价越是不确定或者越是负面，这种现象就越是明显。这时，花钱就成为了一种用来补偿失败的自我，体现理想化形象的手段。

从这个意义上来说，消费者其实是在消费符号，因为符号可以带来愉悦、兴奋、炫耀、身份、地位、阶层、高级等美好的心理感觉。奢侈品的A货、高仿品泛滥市场也从侧面说明符号消费对消费者是如何重要。消费者往往并不在意或已彻底忘记了一个LV包的材质，但却会特别在意LV包的LOGO——符号是否能被别人清晰地看到。

这类消费者在消费之前，往往要经过仔细思考：什么样的品牌能更加吸引人们的注意，什么样的款式将更加流行，等等。因此一些企业将品牌标识扩大并运用于各自产品明显的位置上，目的就是要给予消费者被人关注、受人羡慕的满足感。而对于销售人员来说，则要善于对消费者进行恭维，满足其虚荣心，从而成功地让消费者购买自己的商品。

实际上，我们每一个人都渴望得到别人的赞美。但是赞美也是一门艺术，尤其是对于炫耀性消费者来说，要做到恰如其分地赞美是需要技巧的。

丽丽是一家时尚服装店的销售人员，一天，她接待了一个年轻时尚的女孩。从她的穿着打扮上，丽丽看出她很可能是个富家女，便直接把她引到高档服饰区，并给她介绍了几款新进的款式，年轻女孩果然很喜欢。在与她的闲谈中，丽丽又了解到这个年轻女孩是刚刚走上工作岗位的白领，每月的收入不菲，也很能花钱。

了解到女孩的心理以后，丽丽很真诚地夸赞她有眼光，有品位，年轻人就应该把自己打扮得时尚一点。年轻女孩很开心，一连试了好几件衣服。见她很喜欢一件高档的连衣裙，丽丽一边向她投去羡慕的眼光，一边说："小姐穿上这件衣服真是漂亮极了，既高贵又时尚，更显苗条身材。"女孩听了别提多高兴了，她的虚荣心得到了极大的满足。虽然这件连衣裙价格高达800多元，但是女孩很爽快地就掏钱购买了。在送女孩离开的时候，丽丽又开玩笑地指着旁边一条新款的牛仔裤，对女孩说："小姐穿上这条新款的牛仔裤，肯定十分的酷，可以吸引不少人的眼球。"没想到女孩立马停了下来去看，试穿感觉很好，又掏出380元把裤子买走了。

正如这个年轻女孩一样，炫耀型消费者的一个最大特点，就是心里藏不住东西，他们不会掩饰，有什么信息都会拿出来炫耀，因此，在与之合作时，只要你能像丽丽一样，巧妙地随时恭维他，那么合作基本会成功。

具体来说，在对炫耀性消费者赞美时，销售人员需要注意以下几点。

首先，在推销过程中，销售人员要善于给炫耀性消费者以心理上的满足，多对他们进行恭维，对别的消费者说三句赞美的话就可以了，而对炫耀性的消费者就需要说十句。说话时要顺着他们的意愿，不说伤害其自尊的话，也不要自作主张给其介绍廉价货，或者赠送小礼物，这些都会让炫耀性消费者觉得是看不起自己，从而导致拒绝购买。

其次，作为销售人员，你也应该观察入微，找到炫耀性消费者希望得到赞美和肯定的地方。案例中的年轻女孩就是用购买高档服饰来体现自己的高贵，得到别人的羡慕，获得某种心理的愉悦体验。销售人员丽丽也正是抓住了这一点，适时地恭维几句，满足年轻女顾客的虚荣心，从而成功地售出了自己的商品。

每个人都喜欢被恭维，炫耀性消费者尤其如此，多说一些恭维话，既能赢得人心，自己又不会有什么损失，何乐而不为呢?

金钱可以与快乐联系在一起

在物质需求得到满足的同时，人们更希望得到心理需求的满足。所以，消费者也为享乐花钱，金钱也可以与快乐联系在一起。在营销界有一个典型的例子就是乔·吉拉德用一束玫瑰“卖”了一辆雪佛兰。

一位中年妇女走进销售人员乔·吉拉德的展销室，说她想在那儿坐坐，打发一会儿时间。闲谈中，她告诉吉拉德她想买一辆白色的福特轿车，就像她表姐开的那辆，但对面福特车的推销员让她过一个小时再去，所以她就先到这儿来看看。她还说这是她送给自己的生日礼物："今天是我55岁的生日。"

"生日快乐！夫人。"吉拉德献上真挚的祝福。随后他出去交代了一下，然后回来对她说："夫人，您喜欢白色的车，既然您现在有时间，我给您介绍一下我们的双门式轿车，也是白色的。"正谈着，吉拉德的秘书走了进来，递给吉拉德一束玫瑰。吉拉德把这束花送给了那位中年妇女："祝您长寿，尊敬的夫人。"

这位中年妇女被吉拉德这一举动感动了，眼眶都湿了。"已经很久没有人送我礼物了。"她说，"刚才那位福特车的推销员一定是看我开了部旧车，以为我买不起新车。我刚要看车，他却说让我等他先去收一笔款。其实我只是想买一辆白色车而已，只不过表姐的车是福特，我才想买福特的。现在想想，不买福特也可以。"

最后她在吉拉德那里买走了一辆雪佛兰。

这就是快乐感觉在消费者心中所起的巨大作用！

一般来说，消费者将购物作为一种快乐行为有以下几种心理依据。

1. 享受消费过程

消费成为一种娱乐行为，核心是求新求异。在购物过程中，通过追求特异、新奇的东西，消费者会获得满足感。例如，女性消费者爱逛商场的一个很重要的动机，就是去欣赏美——比如商场里的珠宝、服饰，通过灯光的烘托，合理的搭配，都显得很美——从而体验到一种赏心悦目的快乐感。另外，有的女性借着触摸物品等活动来消除心中的郁闷，即使不购买，她们也会有一种拥有感。

消费者除了被体验新物品的吸引力抓住外，还伴随着购物过程的兴奋。这种兴奋从准备购买时开始上升，一直持续到做出购买决定以及付钱。之后兴奋很快消散，直到产生新的欲念。对这种兴奋的追求部分地解释了消费者重复的购物行为。在某些人那里，这甚至有可能发展成一种对金钱的依赖。

2. 获得心灵补偿

消费者购买商品时还带有一种补偿的色彩，这时，花钱就是一种体贴，一种抚慰，可以在生活很不如意的时候作为一剂药方。例如，很多人在工作中遇到挫折，然后心烦意乱地在商店里寻找一件能帮助他们暂时忘却痛苦的物品。很多强迫性购物者的行为方式就是由此发展而来。

很多消费者（尤其是女性）在其消费过程中，一般都喜欢结伴而行，通过购物模式，和好友进行人际交往，这也更容易获得人际交往的满足感。

3. 购买快乐经历

除了把物质作为快乐的核心外，一些更加明智的消费者则倾向于花钱购买快乐经历。例如听场音乐会，看场电影或演出，远行度假，学习舞蹈，出去写生，去蹦极，等等。

这是因为人们对经历的记忆，很容易随着时间的流逝而进行过滤。比如，我们可能会忘却令人疲乏的飞行旅程，而只记得在沙滩上全身放松的美妙时刻。但是，我们购买的商品却会随着时间的流逝而变得破旧过时。同时，购买“经历”往往会促使我们与他人共度时光，而这正是一种最有效的给我们带来快乐的行为。而且，把经历告诉别人，也可以增加与别人的交流，给人带来更多的快乐。

既然知道了消费者花钱买快乐的心理需求，销售人员就可以将这一点作为一个很好的突破口，即你要想消费者把一掷千金的劲头都用在你的身上，你就要首先想办法博得消费者一笑。例如，在大环境（即进行交易的场所，如在商场、店铺等）上，创造一种更加舒适、更加和谐的氛围；在小环境（即销售人员素质，如是否积极热情，说话是否得体，举止是否得当，等等）上，通过人为的因素来主动制造宾至如归的感觉，使消费者感到更多的舒适、自由和快乐，使其流连忘返，产生再次享受的欲望。

你有我也要有

互相攀比是人们常有的一种心态，比如同学之间攀比成绩，企业之间攀比效益，不过最常见的还是在消费行为中：当别人拥有某件东西的时候，自己也想要拥有，否则心里就会非常不舒服，直到拥有了这件东西，那种心理不适感才会消失。

比如下面这个例子，在现实生活中就并不少见。

一次出差，秀娟与同事妙妙结伴而行。出差的间隙，秀娟和妙妙少不了安排在空闲的时间到当地的商场去购物，妙妙的出手大方也给了秀娟不小的触动。“平时购物，我都喜欢挑选一些中等价位的产品，普通的衣服一般在几百元，很少有四位数的；购买化妆品，也是挑一些自己可以承受的二线品牌，既实惠质量也不差。”可是与和自己收入相当的妙妙相比，秀娟不由得自惭形秽起来，觉得自己简直太“抠门”了。“妙妙出手很阔绰，七八百元的化妆品，上千元的衬衫，四五千元的皮包，她买起来似乎眼睛都不眨，还连呼当地的商场比上海的便宜，动员我一起血拼。”可是在秀娟看来，这些打折后的商品尽管比上海的便宜一些，也远远超过了自己的消费能力。但是看到别人买了，她觉得自己也应该买。于是秀娟也花掉自己近半个月的收入，购买了一个名牌皮包。

可是买完之后，她就后悔了，因为她去年新婚，每个月还要和丈夫一起偿还一笔不小的按揭款，买一个手提包就花掉了自己半个月的薪水，想想下个月去偿还信用卡的情景，秀娟就开始有点担忧。

可见，人们的消费行为不只是受收入水平的影响，好多时候攀比心理也起作用。中国品牌战略协会的一份研究报告也显示，中国的奢侈品消费人群靠自己的实力和财富来消费的只占四成左右，其余六成的人群是靠家庭的财富在消费，这部分人主要是30~35岁之间的年轻人，极大多数是攀比和炫耀的心态在作祟。LV的背包、Dior的香水、Dunhill的套装，这些都是动辄成千上万元的高价奢侈品，在中国却可以找到大量30岁上下的年轻消费者，由此可见攀比的心态对商品消费的作用力。

有着攀比心理的消费者，多属于冲动型消费者。他们往往有一种争强好胜的心理，购买的商品往往不是自己急切需要或符合实际需求的，只是看到别人选什么，自己就选什么来求得心理上的平衡，在购买商品时有一种偶然性和浓厚的感情因素。如果销售人员巧妙地利用消费者的这种攀比心态，往往能够点燃消费者的购买欲望，从而促销成功。

销售人员在实践中要注意这样几个问题：攀比心理的载体是什么商品？哪一个攀比对象最能激发消费者的购买欲？采用什么方式去引导消费者最为恰当？从下面这个很有趣的故事中，或许你会得到一些启发。

一位父亲想给年轻的儿子买辆赛车，他们来到一家车行。儿子想要一辆黑色的赛车，但黑色款已脱销，推销员劝他买别的颜色，但是那位年轻人特别固执，非要一辆黑色的不可。这时，经理过来说："您看看大街上跑的车，几乎全是红色的。"

一句话，使这位青年改变了主意，欣然买下一辆红色的赛车。

这个经理正是利用了青年人喜欢攀比的心态，成功地说服他改变主意，放弃了购买黑色赛车的想法，转而购买别人都在开的红色赛车。

在具体的销售中，为了更好地实施这一方法，销售人员可以将用户资料归类，并装订成小册子，最好是按行业整理成册。这样到消费者那里谈判时，有时只需要将这个用户资料的小册子给用户看，并送上一句话："先生，您看，您与他们一样，都有一双明亮的眼睛和一个智慧的头脑，他们这样选择了，我想您也一定不甘落后吧？"只要消费者细心并认真地翻看你递给他的小册子，就一定会受到强烈的攀比心的刺激，并有所心动，接下来，便是如何洽谈签单的过程了。

总而言之，不管销售人员采用什么样的方式，都要以激发消费者的攀比心理、产生购买欲为最终目标。有了比较的对象，消费者的消费就会带有一定的盲目性，其攀比心理被激发，销售人员的工作也就好做了。

买东西，也许只因为卖东西的人

美国著名的心理学家亚伯拉罕·马斯洛的心理需求层次中，有一项重要的心理需要叫社交需求，也叫归属与爱的需要。是指个人渴望得到家庭、团体、朋友、同事的关怀爱护理解，是对友情、信任、温暖、爱情的需要。

这一心理需求在消费行为中表现为销售人员与消费者之间经常不断地进行各种各样的信息交流，包括语言沟通和非语言沟通。而这些沟通方式的好坏会引发消费者的不同情感，从而最终影响他们的购买行为。其实我们自己大概也有过这样的经历：在菜市场买菜或商场买东西，可能因为卖主给我们好感，而如果产品不算差的话，我们就可能更愿意从他这里而不是从别人那里买东西。其实，我们愿意同一些人打交道，往往是因为我们感到这些人很友善。我们大概也有过这样的经历：想购买一种产品或服务，但是不太喜欢那个销售员，这种情况下，我们可能会走开，即使那个产品及价格还比较理想。

实际上，这就是一种“爱屋及乌”的心理，这也是消费者经常会有的心理。因为在消费者眼里，销售人员是商家的窗口和形象的化身，一个让消费者喜欢的销售人员，才有可能让人购买他的产品。研究人员通过一项市场问卷调查也证明了这一观点：调查中，约有70%的消费者之所以从某销售人员那里购买商品，就是因为该销售人员的服务好，为人真诚善良，消费者比较喜欢他、信任他。这一结果表明，一旦消费者对销售人员产生了好感，对其表示接受和信赖，自然就会喜欢并接受他的产品。相反，如果销售人员不能够让消费者接受自己，那么其产品也是难以打动消费者的。

小王和小马做的是同一种产品的销售，他们先后都到过刘经理那里去推销，可奇怪的是，后去的小马反而比先去的小王先拿到订单。

原来，先去的小王进门之后，就开始滔滔不绝地向刘经理介绍自己的产品多么多么地好、如何如何地适合他，他不购买就等于吃亏，等等。这样的话不仅没有引起刘经理的兴趣，反而让他很反感，于是他很不客气地让人把小王轰走了。

等到小马再去的时候，刘经理知道他们推销的是同一种产品，本来不愿意见他，但是他又想听听小马是怎样的一种说辞，于是就请他来到办公室。小马进去后并没有直接介绍自己的产品，而是很有礼貌地先说抱歉、打扰，然后又感谢刘经理百忙之中会见自己，还说了一些赞美和恭维的话，而对自己的产品却只是简单地介绍了一下。可是刘经理始终都是一副很冷淡的样子，小马觉得这笔生意已经很难做成，虽然心里多少有些失落，但他还是很诚恳地对刘经理说：“谢谢刘经理，虽然我知道我们的产品是绝对适合您的，可惜我能力太差，无法说服您。我认输了，我想我应该告辞了。不过，在告辞之前，想请刘经理指出我的不足，以便让我有一个改进的机会，好吗？谢谢您了！”

这时，刘经理的态度却突然来了个一百八十度大转弯，他站起来拍拍小马的肩膀笑着说：“你不要急着走，哈哈，我已经决定要买你的产品了。”

很显然，人的因素，即销售人员在消费行为中所起的作用是非常关键的。要知道，消费者是有血有肉、有情感的人，他们需要的是真诚的沟通和交流，需要有人了解他们内心深外真实的想法和需求。他们需要的不是自说自话式的硬性推销，更不需要“霸气”十足的强势推销。

许多销售人员可能也明白这个道理，但是真正做到，却不是很容易。那么怎样才能做一个让人喜欢的销售员呢？

一是要真心，只有真才是善的美的，才能被接受。也许有些销售人员为了订单而不择手段，欺骗的手段也不时地拿出来。但是这种销售人员就算偶尔一两次成功了，也绝对不会有第三次。所以销售人员在销售的过程中就需要说实话，一是一，二是二。说实话对销售人员只有好处，尤其是销售人员所说的，消费者事后可以查证的事。

二是要用心，切实为消费者着想，站在消费者的角度思考。其实，销售人员在销售的过程中应当有这样的意识——在和消费者进行交往的过程当中，你并不是向你的消费者传授某些知识或者说教的，你是在为其提供服务和帮助的，也是在为他们解决问题和困难的。因为，没有人会不喜欢一个真正用心地帮助自己的人，消费者也不例外。

三是要专心，日常的积累与总结很重要，对产品知识、消费者心理都要专心去研究。因为销售本身就是一门学问，包含的知识面非常宽广。销售人员要与不同职业和职务的人打交道，他们的性格也不一样，所以销售人员还要不断地学习、充实自己，多学一些相关的知识以应用到销售工作中。比如学习“心理学”就能更好地体察消费者的微妙心理，更深层次地分析消费者的真实意图。学习一些与业务结合紧密的基础知识，不但能给你的谈话带来更广泛的谈话内容，还能显示你的学识和品位。

四是要挚心，有一颗与消费者是朋友的心，这是一个较高的境界，一见消费者如见老友，而且是诚心实意，不是虚情假意的。作为一名销售人员，我们必须明白：推销的不仅仅是商品，更是一种精神。要让消费者信任你，甚至“爱上你”“崇拜你”……

总之，销售人员不仅是在推销产品，其实更是在推销自己。正如世界上最伟大的销售员乔·吉拉德所说：“你得销售你自己，这是一条最基本的销售原则，每一个销售员开始工作时都得学会这一点。因为人们更愿意与自己喜欢的人做生意。”

避无可避的“流行感染”

现在人们购物不仅考虑经济因素，还要考虑很多社会方面的因素。社会生活的多样化，直接影响了人们的消费观念。尤其是那些带有时尚特色的心理追求，一旦被社会承认，就会形成一种消费倾向的流行。

在生活中，流行的内容可以延伸到各个领域，比较突出的表现在装饰、礼仪和生活行为三个方面。装饰，一般包括个人装饰和家庭装饰。个人装饰无非是穿着和发式，它表现在社会上，就是人们当时最为时髦的某种穿戴。家庭装饰，主要是指家具样式，中国传统家具多以红木雕花为主，但现代家庭装修则日新月异，法式、欧式家具已走进不少家庭。礼仪方面的内容也不少，以前人们去探望亲友，多会带些水果之类的礼物，而现今送束鲜花已成为一种时尚……可见，流行性消费已经不仅仅是消费者的个人行为，它已经成为一种重要的经济现象和文化现象，它是人们生活方式的晴雨表，也是消费者生存质量的意识流，更是城乡变化的信息传递站。从这个意义上来说，我们谁也不能完全超脱于“流行”。

流行性消费，也是与消费者的心理需求分不开的。因为流行的出现并不具有社会强制力，它与风俗不同，违反风俗常常要受到社会的反对，但不追求流行并不会遭到舆论的谴责。因此人们是否追求流行完全取决于自己是否有这方面的心理需要。

1. **求新**

人有一种基本欲望，即在自己的周围环境中寻求新异刺激，以满足自己的好奇心。而流行之所以能够存在，正是其本身具有新奇性的缘故。一成不变的生活会使人失去朝气，人们即使精神生活和物质生活都十分丰富，但若长期处于没有任何变化的环境中，也会逐渐感到厌倦，甚至不堪忍受，而流行创造了新的生活方式，用不断变化的事物满足了人们的求新欲望。

因此，销售人员要特别注意消费者的这种对新奇刺激的渴望和对流行追求的趋同心理。

2. **从众**

被人视为怪异、孤僻，对大多数人来说都是不能容忍的。于是，人们就努力地去适应周围的环境，以保持心理上的平衡。而与社会上的绝大部分人保持一致，似乎是一种最为简便而又可靠的方法。追求和模仿社会上的流行事物，如周围人的服装、发式、言语等，可以在心理上产生一种安全感：既然那么多人都这么做，一定是合乎时宜的，一定是正确的，自己与他们一样，也不会错。当社会上许多人都竞相模仿某种新奇事物时，就会逐渐形成一种社会风尚——流行。

销售人员就可以利用这种从众心理来销售商品，例如：

一位日本销售员在销售缝纫机，当客户表露出不太想买时，他会说："哦，当然，现在物价上涨，谁买东西都要计划一下的。一台缝纫机几百元，再怎么样也不能随随便便就决定。"然后，他假装无意地说："忘记是哪个机构了——好像是轻工协会吧，曾经做过一项统计，结果表明85%的家庭都有缝纫机，这个数据倒是挺惊人的。"

"85%"这个数字，无形之中使客户产生了"哇！那我家就包括在剩余的15%里头了"的想法，从而产生一种不安感，生怕自己错过什么，而产生"从众"和"随大流"的愿望。

3. **模仿**

模仿是再现他人一定的外部特征和行为方式、姿态和动作等，而这些特征、行为方式、姿态等又具有一定的合理倾向，至少对追求流行的人而言，这些是合理的。人们对流行事物的模仿不是通过社会或群体的命令而发生的，而是被模仿的对象具有一种榜样作用，人们自愿去效仿。例如：

在淘宝网上的服装店里我们经常会看到这样描述服装的，某某同款羽绒服，某某明星最爱的凉鞋。也许这些服装店主就是买一个样子，一个与明星同样的款式，但是，就是因为有了这样的明星效应，很多服装成为了爆款。正品范冰冰 MONCLER 羽绒服售价很高，但这款羽绒服的仿版只有几百块钱，很多白领就是喜欢，结果卖出上万件。

其实这就是利用了消费者的模仿心理。

4. **防御**

有些人感到自己社会地位不高，承受着种种束缚，从而迫切希望改变现状，以避免心理上的压抑与伤害，而他们认为追求某种流行恰恰可以实现他们自我防御和自我显示的目的。于是，他们或为了发泄自己被压抑的情感而紧随流行的脚步，或为了掩饰自己的不足、克服自己的劣势感而采用华丽的流行事物。例如，经济条件不宽裕的青年，结婚时往往特别喜欢讲排场；身材不好的女孩儿往往注重打扮；贫困的人在众人面前往往是出手阔绰……这些都是自我防御的体现。

总之，流行性消费的这些规律，可以让商家及销售人员更好地对产品市场、消费者行为做出分析。并以此为依据，推出并售出更符合消费者市场的流行产品，从而获得更大的利润和市场发展空间。

兴趣拉动消费

所谓兴趣，是一个人力求接触和认识某种事物的一种意识倾向。它也从一个侧面反映了人的个性，兴趣也是产生动机的最活跃的因素之一。消费兴趣是指人们需要某一种商品或劳务的情绪倾向，从而成为消费者购买行为的主要动力因素之一。

实际上，没有人会对自己不感兴趣的事情投入过多的精力，而如果是自己感兴趣的事情则会情绪激昂地参与进来。例如，一个不爱吸烟的人，很难见到他经常去商店购买香烟。相反，一个爱美的年轻女子，你可以经常看到她去商店购买款式适时而新颖的服装或化妆品。而这种心理就可以为销售人员在销售中说服顾客时所利用，以主动去迎合顾客的兴趣，拉近与顾客之间的距离，从而实现进一步的交流，为最终的销售铺平道路。

秦亮是某装潢公司的销售人员，一次他去拜访一位客户——某公司的经理林先生。见面之后，秦亮先对自己公司的产品做了大体的说明，使林先生有所了解，并看看是否有自己需要的产品。但是这些枯燥的，像念经一样的东西，实在无法引起林先生的兴趣。秦亮发现林先生已经产生了一些倦怠的情绪，如果自己再这样说下去，肯定会引起顾客的反感，这样很可能就会使生意泡汤。于是他努力寻找着能够吸引林先生的话题。

这时他发现林先生背后的书橱里放着许多关于《易经》方面的书，并且办公桌的案头也有一本看了一半的《易经》。于是秦亮眼前一亮，找到了突破口。秦亮说："我想林先生一定很喜欢中国古代的文化经典，想必对《易经》也是十分有研究的吧？"

本来昏昏欲睡的林先生听到秦亮谈到《易经》，一下又有了精神，说："是啊，略有研究，闲暇时喜欢琢磨琢磨。"

秦亮顺势说："其实，我也很喜欢中国的古典文化，特别喜欢《易经》，它思想深邃，包罗万象，把宇宙与生命巧妙地结合在一起，透露出很多人生的真谛，很值得去研究啊！"

林先生马上被吸引了过来，一下子有了兴致，和秦亮讨论开来，秦亮的一些见地与林先生不谋而合，使林先生很是高兴。谈到中午还不尽兴，林先生非要拉着秦亮一起吃饭，边吃边聊。简直就是相见恨晚，一下子亲密得不得了。

后来林先生不仅买了秦亮的产品，还和他成为好朋友。而这一切的因缘只是秦亮在拜访林先生之前不久，刚刚读过《易经》，那时刚好派上用场，迎合了林先生的兴趣。

由此可见，兴趣与爱好对消费者的购买行为有着多么重要的影响，而了解消费者的兴趣所在对销售人员来说就显得极为必要了。

不过，销售人员每天都会与许许多多的顾客接触，而自己也不是全能的，不是什么都喜欢，什么都知晓，并不能够迎合所有的顾客。这就要求销售人员要博闻强识，了解的东西越多，知识越丰富，就越能够自如地应付更多的顾客。一个优秀的销售人员一定是一本“百科全书”，他们需要懂很多的东西，即使不精通，也要了解大概，一旦某天和顾客谈起，也不会因为自己的无知而冷场，导致交流无法进行。销售人员只有懂得越多，才能找到和顾客的共同点，使彼此相互吸引。例如上面的例子中，如果秦亮没有读过《易经》，也就难以找到和林先生的共同话题，生意就难以做成。

因此销售人员要想迎合顾客的兴趣，就要不断地为自己“充电”，除了过硬的专业知识素养外，销售人员还应该学习更多的知识，无论是天文、地理、时事、娱乐，还是古今中外的人物和事件，多了解、多积累，说不定哪天就会派上用场，这样也就可以帮助自己成功地迎合顾客兴趣，得到顾客的青睐，从而为销售创造出有利的条件。

不仅如此，销售人员还要有一双善于发现的眼睛，善于在消费者的言谈举止中发现他们的兴趣所在，并以此建立共同的话题，缩短彼此之间的距离，化解双方心理上的隔阂，使自己得到顾客的认同和接受。在这种情感投资的基础之上，实现交易便是水到渠成的事情了。

征服感，从讨价还价中来

消费者购物消费几乎没有不与销售人员讨价还价的，不过，与其说消费者喜欢讨价还价，还不如说消费者喜欢讨价还价的感觉。因为在很多时候，消费者的讨价还价只是为了找寻一种心理的平衡，满足自己作为“上帝”的征服感：当人们都在议论销售人员精明时，自己却战胜了销售人员，证明自己才是聪明人。

因此，销售人员要懂得满足消费者的这一心理诉求，在与消费者进行议价时，找到双方都能够接受的结合点，实现双赢。

那么，怎样才能让消费者在讨价还价中获得征服感呢？

1. **报价高于实价，预留浮动空间**

正如美国政治家亨利·基辛格曾经说过："销售谈判的结果取决于你的要求夸大了多少。"只要你理直气壮地敢于要求，消费者就会觉得你的商品货真价实。只要不是太离谱，你的报价一定要高于实价。

这样，如果消费者在购买商品时，因为自己的努力探知了较合理的价钱，并以砍掉部分水分的合理价格成交的话，在他的心理层面，就会有获利的心理满足感。但如果你一下子就给了消费者最优惠的价格，消费者就没有什么要和你谈的了，也不会有较大的心理成就感。

一位女顾客在一家服装店看中了一件外衣："你好，这件外衣怎么卖？"

销售人员："您真有眼光，这是刚到的新款，500元（实际上他能接受的底价是300元）。"

顾客："这么贵啊……"

顾客最终出价350元。

销售人员："350元我本钱还赚不到，我们这个店里所有的货都是名牌商品，一般的杂牌我们不卖的。再说这件是前两天刚到的新货，特别抢手，您看看这手工、这布料，350元是绝对不行的。"

顾客："350元已经不少了……"

销售人员故意和顾客僵持了很长时间，才开了口："这样吧，这件衣服确实很适合您，我也能感受到您的诚心，这样吧，我退一步，380元好吗？您穿着好以后再来！"

顾客："那就这样吧。"

销售人员在实际的销售谈判中，如果碰到消费者让自己开价的情况，那不妨开出一个较高的价位，这可以给下面的谈判预留许多空间，并为后面的谈判定下不错的基调。当然，为了让消费者知道你是诚意交易的，你所开的价码，不能高得离谱。

2. **不要过早做出让步**

俗话说，“天上不会掉馅饼”，所以在销售谈判中也绝对没有无理由的让步。过早地做出让步，是一种不自信的表现。可以试想下，如果你的商品和服务没有任何问题，为何要做无条件的让步？是不是你心中有鬼，却不好公开？当你对消费者做出单方面无条件的让步时，他们会这样去想，不信任感会加强。过早地做出让步，不但不会促进交易，还会让消费者在心底对商品的价值大打折扣，征服感更无从谈起了。

通常，那些缺乏经验的销售人员总会过早地做出让步的姿态，在销售中一定有这样的例子：

“这件衣服多少钱？”

“300元。”

“是这个数吗？”

“你要是真的想买，算你250元好了。”

销售人员与消费者在心理博弈的过程中，有一条很重要又很单纯的原则是：不要单方面过早地做出让步，否则自己会在下面的销售谈判中陷入被动。上面例子中的让步可以说是毫无道理的。消费者只是随便问了一句，销售人员便降价50元，这等于告诉对方原来的标价水分实在太大。消费者也许会狠狠砍价，但更可能会掉头就走了。

从技巧上来说，你可以在让步时用上“如果”的条件限制，例如在上面的事例里，你可以说“如果你可以买两件，就按 280 元一件卖给你”。用上“如果”这两个字后，对方会感觉你的提议是童叟无欺、合情合理的。加上这个限制条件后，对方便相信你的提议不是单方面让步，你对你的产品或服务充满信心，它们值这个价钱，消费者也会因此感觉这是合理的。此外，这种让步还要在消费者主动做出让步后或者是在你必须做出让步来继续洽谈的情况下，否则最好不要先做出让步。

3. **退让不宜一次到位，而且每次让步应尽量微小**

在销售谈判的过程中，采取适当的让步是完全可以的。但是这种让步必须是有计划、有步骤的。应该做到：消费者第一次开价或还价的时候，不管消费者开出的价格是否符合你的预期，都不要轻易接受；而且，此后的每一次让步都应尽量微小。因为你需要通过让步来传递某种信息：一次一点微小的退让，可以让消费者认为你是一个变通、不死板的人，并且非常尊重他，每次退让都是在为顾客做出“巨大的牺牲”。

否则就会出现下面的情况：

一个顾客对服装销售人员说：“我非常喜欢这件衣服，也是诚心想要购买，你就便宜一点，50 元钱卖给我吧。”销售人员说：“好吧，看您这么喜欢，就按照您说的价格吧！”这时，顾客有可能会产生两种想法：第一、这么爽快就答应了，难道这衣服有什么问题？我最好还是不要了。第二、答应得这么爽快，看来我说错价了，多给了不少！不行，我可不能吃亏，我得再向他要点赠品。

作为销售人员，刚开始与消费者谈判的时候，很容易忽视消费者的这种心理，造成销售上的失误。一定要记住：消费者第一次开价或还价的时候，不管消费者开出的价格是否符合你的预期，都不要轻易接受。一旦你接受了顾客的第一次出价或还价，也就使自己陷入了被动，会失去为自己争取更多利益的机会。要知道，第一次还价或出价只是消费者的试探而已，一旦你接受了，消费者就有可能得寸进尺或者对你的商品产生怀疑。尽量让你在接受他的价格时显得困难一些，这样消费者才会心满意足、高高兴兴地掏钱购买你的商品。

总之，不要对消费者的讨价还价感到厌烦。要知道，只有经过询价砍价这个过程，消费者对销售人员有了信任，对产品有了认可，并在产品价值与价格之间找到平衡后，他才会最终做出购买的决定。如果销售人员只守着自己的底线和消费者谈价，就不会让他们产生征服你的感觉。但是如果你刚开始就让消费者产生征服你的感觉，他们就会觉得没必要对一个销售人员下狠手，甚至会把你当成合作的伙伴，这样他才有可能成为你忠实的消费者。

消费，不只是花钱

正如买房子不只是为了居住，买珠宝不只为了佩戴，买古玩不只为了欣赏……现代人的消费行为已经不单纯了：在人们不断成熟的消费理念中，投资型消费已经在逐渐替代传统的支出型消费。即消费者普遍存在一种这样的心态——希望自己花的钱能够物超所值，渴望自己的消费能够变成投资。

以购房为例，解决住房问题的两条路——租房和买房，其实就仿佛是支出型消费与投资型消费的论战。租房，每月要支出一定费用，而这种费用出去了就是出去了，不可能再回来；而买房就不同，虽然一下子要有一

笔很大的支出，但长远考虑，在房价不断上涨的今天，买房实际上就是一种投资。因此，尽管房价高得让人瞠目，但许多消费者仍然愿意尽己所能买房子。

不过消费者不是随便找一个地儿花钱当投资的，他们需要看到回报率。这也就解释了为什么某件商品中虽然有消费者想要的利益，可是其并不一定会去购买。消费者在决定购买并把商品放上真正的天平之前，是要先在心中这个无形的天平上进行衡量的，天平的两端分别是购买成本与商品价值，当天平中购买成本一侧加重时，则很难达成交易；而天平倾向于商品价值时，交易则可以顺利达成。因此，只有商品价值与购买成本在消费者心中达到一种平衡或拥有更高的商品价值认定，消费者才可能会购买。

从这个角度来说，销售人员在向消费者推销产品时，便可以顺应消费者的这一心理，让消费者看到想要的回报率，看到希望。销售人员可以绘制一张消费心理天平图，天平的一侧列出消费者购买商品可以获得的各种价值，另一侧则是消费者购买商品所要付出的各种成本。销售人员此时只要增加天平上商品价值一侧的筹码，同时减少消费者的各项购买成本，商品就会很容易销售出去。

不过，商业常识告诉我们，这会提高企业的经营成本。那么，如何在不提高经营成本或尽可能少提高经营成本的的同时，提升商品价值并降低消费者的购买成本呢?

一个最好的手段就是增加消费者对商品的心理价值筹码。事实上，一件商品的价值不完全是由其物理属性决定的，更多的是由消费者的心理因素决定的，不管这个商品实际价值是多少，关键要看消费者心中对这个商品的价值认知是多少。

对于销售人员来说，一个提高商品在消费者心理价值的最有效方法就是：强调品位。尤其是奢侈品或价格昂贵的商品，比如名车、珠宝、手表等，它们已经不仅仅是代步工具、装饰品或计时工具那么简单，更具有表达，甚至张扬拥有者个性品位与身份地位的作用，对于这样的商品，强调品位就十分重要。

一位太太向销售人员抱怨一条项链太贵，销售人员如果说："太太，6000元已经很便宜了，你到任何珠宝店都不可能买到这么便宜的项链……"完了！这个销售人员在就商品卖商品，就价格卖价格。其实，这时消费者的心理是矛盾的，她既希望少付出购买成本，又希望项链很有价值，销售人员一下子否定了项链的价值，告诉她这是最便宜的珠宝，这样成交的概率自然会很低。

如果销售人员换一种方式，说："太太，这条项链太适合您了，戴在您的脖子上看起来少说也值1万元，同时，这条项链又非常符合您的气质，看起来那样高贵、漂亮。而且，即使以后您不喜欢它的式样了，还可以在我们这里以旧换新，没准到时还会升值呢！"这样，成交的概率就会大大提高，因为销售人员在说这条项链同这位太太搭配后产生的价值，而这种价值正是这位太太最在意的，当其认可了这种价值，心理上的购买成本自然相对就下降了。

另外，对于商家来说，还有一个最直接的方法——将购买自己商品的消费者转化为自己的投资人。通常的做法是将消费者对于本厂商品的消费视为对自己的投资，按一定的时间间隔，把自己的企业利润返还给消费者。这样，消费者的购买就由单纯的消费转化为投资，实现角色的转换，满足消费者投资型消费的渴望。例如，我们经常看到的消费者手中持有某公司的股票，就是这种投资型消费。

第二章 人性心理弱点

好的销售都是直击人性弱点的，如贪婪、恐惧、嫉妒、懒惰、贪慕虚荣、难抵诱惑、热爱免费、重视等级、迷信专家、崇拜名人、喜随大溜……关于人性的一切弱点，正在被消费社会利用和营销。

上篇 消费者到底要买什么

“专门”太重，“顺便”正好

销售人员肯定遇到过这样的消费者：无论你打了多少次电话，说要登门拜访或去他家附近见面，对方都迟迟不肯答应会面。但在电话中听来，却又不是不想见你。

销售人员：“近来身体还好吧？”

消费者：“好，谢谢您！这个月的业绩不错吧？”

销售人员：“不错，我很有信心。上次推荐给您的洗发液好用吗？”

消费者：“好用。你们的淋浴露怎么样？”

销售人员：“很好用，含纯净甘油及天然蜂蜜，我哪天去您家，送您一小瓶试试？”

消费者：“嗯……算了，我最近一段时间都比较忙。以后再说吧！”

明明想了解产品，却放弃了解的机会，是不是有些奇怪？

其实，如果了解了这类消费者的心理之后，就不觉得奇怪了。他们之所以会拒绝销售人员，原因多半是销售人员的行为让他们有了某种顾虑。销售人员提出请求，为对方考虑，专程上门拜访或以对方方便为宜，这的确让人感动，但是，无形中，也增加了对方的心理负担。因为一般来说，这种消费者在心理上大多比较软弱和善良，正是因为他们的性格因素，决定了他们既不喜欢麻烦别人、欠别人人情，又不好意思拒绝别人的请求。于是，这使得他们把销售人员提出的“专门”拜访当做了一种心理负担。

对方会想：他特意为这一点点事情跑一趟，既耽搁了时间，又耗费了精力，如果自己不能满足他的要求，不能让他感到愉快，心里会很内疚，会觉得反倒欠了人情。更有甚者，可能怀疑，为一点小事专门跑一趟，他会不会有什么别的企图？这样，对方可能会对销售人员怀有戒心。结果，对方又怕欠人情，又心怀戒备，如果还有别的事情缠身，很可能就在电话里直接谢绝了销售人员的好意。

那么，如何消除消费者的这种顾虑呢？

与这样的消费者见面，最好的办法是避免与对方约定确定的会面日期，强调“巧合”，用“碰巧”“可能”“刚好在附近”等话引出自己的请求。告诉对方：“碰巧我朋友家离您那不远，我顺路见您一面，可以吗？”“对了，过两天我刚好有机会到您家那片去。”“我可能会到附近去拜访，到时如果您有空的话，可以跟我见个面吗？”……这样的请求与劝说，往往能够轻轻松松地打动对方的心。消费者会想：不是专为我来的，那就好，来就来呗。

汽车推销员：“您好，周总，我是 ×× 汽车的推销员。就是昨天给您打电话的那个小杨。”

周总：“您好。”

汽车推销员：“今天打电话来是想问问您考虑得怎么样了？”

周总：“哦，我还没考虑好。”

汽车推销员：“这样呀，我下午要去给客户送一辆车，刚好经过您家，这辆车碰巧跟您看中的那辆车的款式和型号一样。您要不要先试开一下？”

周总：“可以吗？那太好了。”

这种方法之所以有效，关键就在于强调了“巧合”的偶然性，减轻了对方的心理负担，让对方产生了“顺便”见一面的念头。

当然，答应见面并不意味着拜访目的的实现。去拜访，最好瞄准对方可能最方便的时间，如果在闲聊之中，能够打探出“您通常什么时候比较方便”，达成拜访目的的可能性就更大了。

或者，还可以利用客户“小秘书”或是朋友的情报，得知消费者的出行计划，制造合理的“巧遇”。之后见到对方，第一句话最好说“真是巧，……”那么消费者也许就会认为：“真的好巧，他和我在一家餐厅吃饭！”“他也喜欢钓鱼？挺有品位的嘛！”“原来我们是一个健身俱乐部的会员啊！”这样，消费者就会从心理上找到心有灵犀的感觉，销售人员还愁签不到订单吗？

不过，不管是哪种方式，一定要注意，假装的“巧合”要合情合理，这样消费者才可能按着自己期待的方向走下去。否则，很容易引起消费者的怀疑，继而反感、愤怒！

恐惧，击溃消费者心理防线

按理说，销售人员在向消费者推销自己的产品时，应当给消费者营造一种温馨的氛围，即“使用了我的产品之后，你会得到什么样的享受”，但现实却是，许多商家及销售人员频频使出“恐吓”伎俩，例如保险公司、银行、医药保健公司等，在其销售过程中加入了恐惧的元素，而消费者也确实会被销售人员的“恐吓”所影响，购买一个又一个本来不需要的产品。

丈夫出差回到家，突然发现客厅角落里多了一个家用灭火器。

这是妻子买的。一个家用灭火器公司去她任教的学校做活动，现场展出很多照片。“全是火灾现场，吓死人。”妻子向丈夫还原了活动现场：在一个相对封闭的会场里，血淋淋的照片，满目疮痍的火灾现场，痛不欲生的当事人，都告诉消费者发生在家庭的火灾是如何的恐怖。相信没有人不为这样的场景感到恐惧，尤其是那些参会的家庭主妇。

与此同时，营销人员不失时机地向大家推荐这种家庭用的灭火器，他并不告诉大家拥有这个家庭灭火器就可以避免一切火灾，而是说：有一个灭火器，总比没有好吧，况且才 100 多元钱，100 多元也就是两口子出去吃顿饭的钱，用这个钱来避免火灾，太超值了！于是，在恐惧的气氛中，这个冷冰冰的罐子，被家庭主妇抢购一空。

其实，恐惧是最能左右人们情绪的要素之一。害怕生病、害怕死亡、害怕被看不起、害怕失去……每一个人都会有恐惧感。家用灭火器的销售人员正是利用了消费者的恐惧心理，为消费者制造震惊，击溃了他们的心理防线，从而顺利地使消费者发生兴趣，引导了消费。

了解了消费者的这一心理弱点还不够，销售人员还需要在营造“恐惧”氛围上掌握一些技巧。除了上文例子中利用场景制造恐怖效果外，还包括：

1. **描述制造恐惧**

很多时候，恐惧来源于幻想。消费者通过销售人员对于不利情况的描述，往往会在内心形成一幅令自己恐惧的场景。比如说保险公司不停地告诉消费者，应该购买某种保险，因为未来充满了风险，一旦发生了意外，如果没有买保险，就会处于多悲惨的境况；银行的理财顾问频频向消费者暗示，通货膨胀正在加剧，应该购买他们银行新推出的某款理财产品，否则钱就会越来越贬值，甚至到最后会连基本的生活都无法保障；超市的售货员也对消费者说，现在的果蔬上都有大量农药残留，为了避免农药的危害，就应该购买他们超市新进的一台可以给果蔬消毒的机器，花几百块钱买回全家人的饮食健康是很划算的；街头促销员也会拉住消费者，推荐他们购买某种给儿童排铅的口服液，因为汽车尾气、大气污染等因素，孩子们体内都有铅毒，这会影响儿童的成长发育……消费者通过销售人员的描述和自己的联想，形成的恐惧心理，促使他们购买能够使得他们“安心”的产品。

2. 数字渲染恐惧

用具体数字来说明问题，可以使说明更准确，更科学，更具体，更具说服力。例如，人寿保险销售员，在遇到消费者后，总是先告诉他们这样一项统计资料：“据官方最近公布的人口统计资料，目前有一件值得人们关切的事实：平均约有 90%以上的夫妇都是丈夫先妻子而逝。因此，你是否打算就这一事实早做适当安排呢？最安全可靠的办法，当然是尽快投入人寿保险。”再比如，轮胎销售员对消费者说：“去年高速公路上发生多起汽车事故，30%的事故原因是爆胎！”

这里用到的数字，提供了一般人所不注意又确实存在的事实，既令人震惊又令人担忧，能引起消费者的格外注意和重视。销售人员便可利用消费者震惊后产生的恐慌心理，适时地提出解决方案，这样就更容易达到成交目的。

总之，无论是显而易见还是半抱琵琶，销售人员都可以利用在消费环境中营销了“恐惧”的氛围，来把控消费者的消费行为。

排队，是消费者难掩的情结

虽然我们每个人都标榜自己有个性，但很多时候，却又不得不放弃自己的个性“随大溜”，这是大众都容易犯的通病。

从消费行为上来看，排队消费已经成为消费者的一个情结。一见别人排队买东西，就以为是“便宜”“好东西”，不管三七二十一，就加入进去。一见别人都夸这东西好，仿佛机会难得，也赶快掏腰包，生怕错过机会。

对于大多数消费者来说，“听 ×× 说有家餐厅不错，天天排队”听起来比“×× 在打折”更有诱惑力。

那么消费者为什么经不住排队的诱惑呢？

说到底是人的从众心理在发挥着作用。“从众”是一种比较普遍的社会心理和行为现象。也就是人们常说的“人云亦云”“随波逐流”。大家都这么认为，我也就这么认为；大家都这么做，我也就跟着这么做。即使东西不怎么好，也会在心理上有所安慰，毕竟大家都在买，肯定差不了，上当也不是自己一个人。

这种心理当然也给销售人员推销自己的商品带来了便利。销售人员可以吸引顾客的围观，制造热闹的行情，以引来更多顾客的参与，从而制造更多的购买机会。“尿布大王”——日本著名的企业家多川博就是利用消费者的从众心理打开市场的。

在多川博创业之初，公司采用新科技、新材料，生产出了质量上乘的尿布，也花了大量的精力去宣传产品的优点，希望引起市场的轰动，但是在试卖之初，基本上无人问津，生意十分冷清，几乎到了无法继续经营的地步。多川博先生万分焦急，经过苦思冥想，他终于想出了一个好办法。

他让自己的员工假扮成顾客，排成长队来购买自己的尿布，一时间，公司店面门庭若市，几排长长的队伍引起了行人的好奇：“这里在卖什么？”“什么商品这么畅销，吸引这么多人？”如此，也就营造了一种尿布旺销的热闹氛围，于是吸引了很多“从众型”的买主。

随着产品不断销售，人们逐步认可了这种尿布，买尿布的人越来越多。后来，多川博公司生产的尿布还出口他国，在世界各地都畅销开来。

可见，利用消费者的从众心理的确可以提高推销成功的概率。

当然，消费者队伍不一定是有形的，还可以是心理上的无形队伍。比如，推销人员说："小姐，这是今年最流行的时装，和您年龄相仿的人都喜欢。"再如："这种热水器很畅销，您看这是一些用户订单，有东北的、华北的、西北的，有城镇的、也有乡村的。"这也是利用了消费者的从众心理，在消费者心里排起了一条长队。但是要注意，对那些个性较强、喜欢自我表现的顾客，则不太适宜使用此招数。因为对他们用这招非但不能达到目的，甚至还会起到一定的反作用，失去这个顾客。

实际上，消费者在消费过程中的从众心理还有很多的表现形式，例如，威望效应就是其中一种。现在很多公司、商家的产品都会花高价请明星来代言产品、做广告，以引起顾客的注意和购买。一般来说，当一个人没有主张或者判断力不强的时候，就会依附于别人的意见，特别是一些有威望、有权威的人物的意见。

不过，不管哪种形式，有一个前提不能忘，那就是商品的质量。因为销售最终还是要以质量赢得顾客的，而利用其心理效应只是一个吸引顾客的手段。

不是要便宜，而是要感到占了便宜

消费者在进行消费的时候，是想使自己获得满足感，也就是经济学中所说的"效用"，只有当消费者觉得自己能从消费该商品中获得的价值与商品的实际价值差不多时，才会愿意掏钱购买该商品。也就是说，消费者要的不是便宜，而是要感到占了便宜。

其实消费者贪图便宜的心理，无可厚非，但是这种心理对于销售人员或者商家来说，则是一件天大的好事。那么，销售人员怎么做才能让消费者觉得占了便宜呢？

古时候，有一个卖衣服和布匹的店铺，铺里有一件珍贵的貂皮大衣，因为价格太高，一直卖不出去。后来店里来了一个新伙计，他说他能够在一天之内把这件貂皮大衣卖出去。掌柜不信，但是伙计要求掌柜的要配合他的安排，他要求不管谁问这件貂皮大衣卖多少钱的时候，一定要说是五百两银子，而其实它的原价只有三百两银子。

两人商量好以后，伙计在前面打点，掌柜的在后堂算账，一上午基本没有什么人来。下午的时候店里进来一位妇人，在店里转了一圈后，看好了那件卖不出去的貂皮大衣，她问伙计："这衣服多少钱啊？"

伙计假装没有听见，只顾忙自己的，妇人加大嗓门又问了一遍，伙计才反应过来。

他对妇人说："不好意思，我是新来的，耳朵有点不好使，这件衣服的价钱我也不知道，我先问一下掌柜的。"

说完就冲着后堂大喊："掌柜的，那件貂皮大衣多少钱？"

掌柜的回答说："五百两！"

"多少钱？"伙计又问了一遍。

"五百两！"

声音很大。妇人听得真真切切，心里觉得太贵，不准备买了。

而这时伙计憨厚地对妇人说："掌柜的说三百两！"

妇人一听顿时欣喜异常，认为肯定是小伙计听错了，自己少花二百两银子就能买到这件衣服，于是心花怒放，又害怕掌柜的出来就不卖给她了，于是付过钱以后带着衣服匆匆地离开了。

就这样，伙计很轻松地把滞销了很久的貂皮大衣按照原价卖出去了。

店伙计就是利用了妇人占便宜的心理，很轻松地把滞销了很久的貂皮大衣按照原价卖出去了。现实生活中，销售人员在推销自己产品的时候，也可以把消费者的这种心理利用起来，为自己的销售工作服务。

具体来说，可以用以下方法：

1. **赠品**

每个人都希望花最少的钱，买最多的商品，要是能够免费赠送那就更好了；不过，每个人又都有一种“无功不受禄”的心理，所以精明的销售人员总是能利用人们的这两种心理，在未做生意或者生意刚刚开始的时候拉拢一下消费者，送消费者一些精致的礼物或请消费者吃顿饭，以此来提高双方合作的可能性。例如，开在学校附近的一家商店，每次教师节的时候，都会赠送教师一些礼物，有时候是几支牙刷，有时候是一些沐浴露。因此，每年的教师节那天，许多老师都会带上自己的教师资格证，成为该商店的常客。

2. **打折**

打折也就是价格折扣，是指商家或者销售人员采用直接降价或折扣的方式招揽顾客，我们看到有些商家挂出“大减价”“清仓处理”“血本买卖”等口号就是用来刺激消费者的。这种价格折扣的促销方式有立即见效的效果，因为这种标语是显而易见的，消费者一看就知道该商场打折了，因此这种手段经常被商家或销售人员采用。

这里，还有一个小技巧，那就是以 9 结尾的价格，会让消费者对减价的感知更强烈。我们以一件 13 元的商品为例，分别降至 10.99 元和 11 元，消费者会更强烈的感受到前者的打折幅度。然而客观来说，实际上的区别是微不足道的。其实这是营销策略中的“尾数定价策略”。尾数定价策略会给消费者一种经过精确计算的、最低价格的心理错觉；有时也可以给消费者一种原价打了折扣，商品便宜的感觉；尾数定价策略还给人一种定价精确、值得信赖的感觉。同时，消费者在等候找零期间，也可能会发现和选购其他商品。

3. **送券**

即赠送代金券。这种代金券是指顾客可以凭此券在购买某种商品时免付一定金额的钱。赠寄代金券这种促销方式可以使消费者节省支出，引起尝试购买的兴趣，增多每次购买商品的数量，还可以起到刺激潜在购买者的作用。

4. 积点

积点优惠又叫商业贴花，种类繁多，通常有两种方式：一种是消费者必须收集积分点券、标签或购物凭证等证明，达到一定数量时，则可兑换赠品；一种是消费者必须重复多次购买某种商品或光顾某家零售店之后，才得到收集成组的赠品。但这种方式的最终目标都是让消费者再次购买某种商品或再度光顾某店。

你给“面子”，他给钱

俗话说：“树活一张皮，人活一张脸。”面子在中国社会中，代表着体面、人格，甚至尊严。中国人爱面子的特点世界闻名，面子的重要性可见一斑。这一心理在消费行为中体现得尤为突出，例如有人会把钱花于装璜上，有人把钱花在打扮上，有人会把钱花在保养、减肥上，等等。虽然在不同的人身上可能有不同的表现，但不论是哪一种方式，只要效果不错，人们都会觉得钱花得很值得！

在销售工作中，抓住顾客好面子这一心理特点，会大大提高成交的概率。

拉拉经常去一家商务会馆消费，于是，会馆的经理向拉拉推荐了 VIP 会员卡的项目。拉拉考虑了一下，觉得比较划算，就马上办理了一张 VIP 会员卡。

一次，拉拉请几个顾客在那家会馆吃饭，吃完后拉拉去前台结账，她出示了自己的会员卡，服务员接过去一看，是老板签字的会员卡，立刻满面笑容，不仅酒水按七折算，海鲜也打了八折，这让她省了不少钱，而且后来经理还亲自送来一盘水果布丁，说是算自己请客，希望她们下次光临。

这让拉拉觉得自己在顾客面前很有面子，自然也就成了这家会馆的常客。

爱面子，爱虚荣，其实每个人或多或少都有一些，记得林语堂先生说过一句很有意思的话 ：“在中国，脸面比任何其他世俗的财产都宝贵。它比命运和恩惠还有力量，比宪法更受人尊敬。”在人际交往中，我们常会花许多时间、精力和财力在虚荣和面子上，据统计，中国已经是世界上第三大奢侈品消费国，而且大多数奢侈品的购买者主要不是看中高档品的品质功能，而是看重其身份象征和炫耀性功能，说明中国人肯花钱在虚荣和面子上，由此形成了很大的一个“面子消费”市场。

我们暂且不讨论这一生活方式是否合理，但消费者的这一心理对于销售人员来说却是极为有利的。大多数情况下，只要销售人员在面子上给予了消费者满足，他们花多少钱也都乐意。

从销售技巧上来说，销售人员需要掌握一些方法 ：

1. 适度赞美

很多时候，“面子”消费是为了解除自卑感。如在酒吧、夜总会里，你会发现一种现象，那就是愈是其貌不扬的人，出手愈是大方，老板招呼得愈起劲。

其实，每一个人都有其特别自卑的地方。战胜自卑是人们消费的一个重要心理。因此销售人员在意识到这一点后就应当给足消费者面子，多说一些恭维话，既能让消费者的自尊心得到满足，也能让他风风光光地把东西买走。

当与这一类消费者接触时，就要利用一切可以利用的机会展开恭维。比如，虽然自身的经济条件并不是很宽裕，但是在选购商品的时候也还是倾向于选购比较高档的产品，并且在销售人员面前尽量表现得很富有。他们最不能容忍的就是别人说自己没有钱，买不起。如果销售人员对其表示出轻视的态度，其自尊心就会受到很大的伤害。这样的顾客需要得到销售人员的夸奖，如果你夸奖他们有钱，那么他们就更愿意在你这里消费得更多。

但是赞美别人时要适度，若是太多，就容易让消费者产生不真实感，就会使消费者对你的人格有所怀疑，从而对你产生戒备心理，赞美就会变得适得其反。因此赞美时要把握好分寸，这样才能让消费者满心欢喜。

2. 不要争论

潘恩人寿保险公司有一项铁律："不要争论。"本杰明·富兰克林也说："如果你老是抬杠、反驳，也许偶尔能获胜。但那是空洞的胜利，因为你永远得不到对方的好感。"因此，作为销售人员，你必须要清醒地认识到与消费者争辩，失败的永远是销售人员。一句销售行话是："占争论的便宜越多，吃销售的亏越大。"要知道，消费者丢了面子，一定不会再向你买东西了。一位消费者就曾经这样说过："不要和我争辩，即使我错了，我也不需要一个自作聪明的推销人员来告诉我（或试着证明）；他或许是辩赢了，但是他却输掉了这笔交易。"

因此，在面对消费者的责难或者不信任时，销售人员最好的办法就是顺从消费者的意思，用事实来证明给他们看。销售人员一定不要回避消费者的争辩，更不要试图与他们去进行争辩，而是要想方设法引导他们去说，支持他们去说，鼓励他们去说，让他们公开发表自己不同的意见，这样对双方都有一定的好处。只有这样，消费者才会感觉自己受到了重视，保住了面子，而销售人员也知道了他心底真正的想法，这对销售的成功是极为有利的。

嫌货才是买货人

“嫌货才是买货人。”消费者在对某种产品挑毛病的同时，也是他对此产品真正感兴趣的开始。

这反映的其实就是消费者的挑剔心理。事实上，在消费的过程中，没有哪一位消费者是故意去找茬的。那些看似很不可理喻的挑剔，很多时候正是“醉翁之意不在酒”，他们只是为了获得更优惠的价格、更好的服务，或者是显示自己的尊贵地位，让销售人员重视自己。这时，只要销售人员多一份耐心、多一点关心、多一些尊敬，就能够很轻松地换回消费者的“笑脸”。

贾先生是一家水果批发公司的老板，他在一开始做水果生意的时候，时常会碰到一些挑三拣四的顾客。

有一天，他又碰到一位难缠的顾客。这位顾客边端详着手里的水果边说：“你的水果也不怎么好啊，还那么贵？”“呵呵，您放心，我的水果虽然不敢说是最好的，但是绝对不次，甘甜可口又新鲜，保证是这一带最好的，不信您可以和别家的比较比较，要不您尝一个试试？”贾先生满脸堆笑，不紧不慢地说着，最后还拿出小刀给顾客削了一个水果。可是顾客仍然摇了摇头，说：“看起来有点儿小，我喜欢大点儿的。”贾先生还是笑眯眯地说：“自己吃又不是送人，大点儿小点儿无所谓，只要好吃就行，您说呢？”“可是你这也太贵了，能不能便宜点儿？”贾先生仍然非常耐心地笑着说：“真的不能再低了，我们本来就是薄利多销，所有人都是这个价买的。”

不管顾客是什么态度，贾先生一直微笑着为这位顾客解答问题。虽然这个顾客嫌完了产品嫌价格，但最后仍然购买了不少水果。

从买卖的过程中，我们可以看出确实“嫌货才是买货人”，只有那些嫌货色不好的人才是真心想买的人。贾先生能够做到完全不在乎顾客批评自己的水果，一点也不生气，不只是修养的问题，也不是对自己的水果有信心，更是一种对顾客心理的深刻洞察。

实际上，对于销售人员来说，这是经常会碰到的事情。只有像贾先生这样能看透消费者心理的人，才能成为成功的销售人员。在销售过程中，不仅要带上自己的眼睛，还要带上自己的脑袋。要多观察，多思考，多总结。既不要轻意相信顾客的“不错！不错！”也不要轻易放过消费者说的一无是处的批评之言。喝彩的只是看客，挑剔的则是买家。很多时候，消费者越是批评商品的缺点，就越是表明他的购买决心。

那么，作为推销人员，我们要怎样来应对这种挑剔呢？

1. **微笑**

其实，所有的销售，都可以说是在微笑中完成的。微笑是销售人员打开消费者心灵之门的钥匙，也是提升自己形象的手段，同时也反映了销售人员的修养。尤其是在面对比较挑剔的消费者时，销售人员的微笑，会让他们自己都不忍心再继续指责下去，而且，他们也会接受推销员开始提出的价格。

2. **自信**

你要对自己及自己的产品有信心。如果你不自信的话，肯定会在与消费者讨价还价中败下阵来。而且，你的自信也会让你坚持自己的原则，面对消费者的讨价还价，不能无限制地降价，这样自己肯定会吃亏，只要是货真价实的商品，就应该坚持自己定出的价格。

3. **识别**

你要识别消费者的真正意图。因为嫌货的人，不见得全是买货的人，有时候，消费者还价也是为了拒绝。尤其是中国人，一般都不喜欢说“不”，也不喜欢得罪别人。为了拒绝你的热情推销，有时消费者会还一个非常低的价格，让你知难而退。这时候，你千万不要认为消费者还价了就有戏，有需求，一个劲地进行游说。这种情况下，再多的努力往往都是徒劳无功的。

心情好的时候，更愿意消费

一个人心情好的时刻，也是他最大方、待人最和善的时候。俗话说，“人逢喜事精神爽”，一个好心情的人眼中的世界是明亮的，充满了阳光和希望；而一个人心情差时，则会表现得比较抠门，对别人的求助充满冷漠和厌恶。一个坏心情的人，看谁都不顺眼，生活糟透了。在他眼中，每个人都在算计他，都在给他挖坑设套。此时你若张口求他办事，多半会成为吃闭门羹的倒霉蛋儿！

我们姑且将之称为“好心情定律”。销售人员在向消费者推销商品时，就可以借助这一技巧。因为很多时候，消费者对商品的满意往往也是凭“心情”的，并不是产品好，消费者就一定会满意，心情作为一种产品附加的无形价值，会使消费者在购买的过程中得到精神的享受。而在美好的心情之下，消费者会更愿意与你成交。因此，作为销售人员，一定要抓住消费者心情好的时机，向他们提出成交的要求。

日本保险业推销大师原一平就很懂得这个道理。

在推销保险的时候，每当有客户问他：“投保的金额要多少呢？我每个月要支付多少钱啊？”原一平会立刻把问题岔开：“有关投保金额的问题以后再说。因为您是否能投保，要到体检后才能确定，所以目前最重要的问题，还是赶快去体检。”这样回答之后，有99%的客户不会再追问下去。

原一平为什么这样做呢？他解释说，因为在体检之前，“关于投保金额的问题，您还没有权利问我”合情合理；而等到体检通过，与客户谈妥投保金额之后，就要立刻收保费，绝不能耽搁。因为体检刚通过，证明自己身体健康，任何人心情都会比较愉快，这是收保费的最佳时机。万一耽搁了这个时机，就可能发生延期投保或降低保额等问题。

原一平可谓是洞察人心的高手了！同样一个人，同样一件事，你开口的时机不对，结果很可能就完全不同。你想一想，有人做生意刚赔了十几万，你就登门去推销，他能买吗？估计你心里也没底。所以，你需要牢牢地记住“好心情定律”：在别人心情好的时候，向他推销，成功的机会就更大！

不过，在现实生活中，一个人接触各种各样的事物，不可能总是保持好心情的，遇到心情不好的消费者，也是常有的事。谈工作肯定不会很顺利，但如果你看到对方心情不好，就立即走人，那么也会让消费者感觉到你跟他就是公事公办，没有个人感情可言，那么你下次再去谈，他在内心里就会跟你有距离，对你这个人也不太会有好感。其实，从某种角度来说，人在心情不好的时候，也是公关最好的时候。例如我们经常见到或听说这样的情景：女孩子心情不好的时候，刚好有一男孩子来安慰她，后来俩人坠入了爱河。那这个时候，销售人员应该怎么做呢？

通常心情不好的人，不太愿意跟陌生人说话，你可以发条短信写上安慰的话，发给他，你也可以写张小纸条或小卡片，留上安慰的话，由前台转交也可以，买束花也行，如果条件允许的话！这样，他会对你印象非常深刻。

当然，如果事情进展很关键的话，或者花了很长时间的情况，你也不要空着手回去，你要学会巧妙地改变他们的心情。例如下面这两个销售人员的不同做法就导致了截然不同的结果：

两个销售人员同时来拜访马经理。由于最近家里发生了很多事情，马经理心理非常烦。烦归烦，工作不能不干，他还是硬着头皮接待了他们。

第一位销售人员一看到马经理，就满脸笑容，大声说道：“马经理，好久不见了。听说您前几天休假了，玩得很不错吧？昨天我们公司也组织去武夷山玩了一次。”马经理不耐烦地摆摆手，说：“有什么事，说吧。”销售人员马上就拿出一份合同：“马经理，上次您让我今天带合同过来。”一听到合同，马经理就火了：“上头还没批呢，你过几天来吧。”

第二位销售人员一进门，看到马经理心事重重，马上把笑容收了起来，“马经理，怎么回事？什么事情能让你如此发愁？”马经理接口就说：“唉，谁没有个烦心事啊。我家里……”一个多小时下来，两个人都只是在相互倒苦水，丝毫没有谈及生意的事情。最后，马经理说：“行啦行啦，烦心的事情放一边，我们谈谈正事吧。您上次的方案，我给上头看了，觉得很不错，有几个地方修改一下就可以了……”

可见，人心情不好的时候，进行推销只能碰钉子，但是如果改变了他的心情，成交的可能性也就增大了。

总而言之，只要你记住“好心情定律”，并善于利用这个规律，在别人心情好的时候，向他推销，那么，你的成功率一定会大大提高。

你不卖，他偏要买

逆反心理是人人都有的一种心理，是人的一种天性，在某些特定条件下，就会被激活，进而支配着人们的行为活动。

消费行为也不例外。例如，我们经常能够发现这样的情形：销售人员越是苦口婆心地把某商品推荐给顾客，顾客就越会拒绝。

不过，逆反心理既会导致顾客拒绝购买你的产品，相反也会促使其主动购买你的产品。因此，销售人员不妨深层次地研究一下这种心理倾向，在适当的时候，用此来引导消费者，往往能收到意想不到的效果，很有可能使消费者的态度发生一百八十度的大转变，即使那些最“顽固”的消费者也不例外。

齐先生的私家车已经用了很多年，经常发生故障，他决定换一辆新车，这一消息被某汽车销售公司得知，于是很多的销售人员都来向他推销轿车。

每一个销售人员来到齐先生这里，都详细介绍自己公司的轿车性能多么好，多么适合他这样的公司老板使用，甚至还嘲笑说：“你的那台老车已经破烂不堪，不能再使用了，否则有失你的身份。”这样的话无疑让齐先生心里特别反感和不悦。

销售人员的不断登门，让齐先生感到十分烦躁，同时也增加了他的防御心理，他心想：哼，这群家伙只是为了推销他们的汽车，还说些不堪入耳的话，我就是不买，我才不会上当受骗呢！

不久又有一名汽车销售人员登门造访，齐先生心想，不管他怎么说，我也不买他的车，坚决不上当。可是这位销售人员只是对他说：“我看您的这部老车还不错，起码还能再用上一年半载的，现在就换未免有点可惜，我看还是过一阵子再说吧！”说完给齐先生留了一张名片就主动离开了。

这位销售人员的言行和齐先生所想象的完全不同；而自己之前的心理防御也一下子失去了意义，因此其逆反心理也逐渐地消失了。他还是觉得应该给自己换一辆新车。于是一周以后，他拨通了那位销售人员的电话，订购了一辆新车。

其实，这位销售人员正是利用了齐先生的逆反心理。

心理学认为，人们之所以会有“让他往东他偏往西、让他打狗他偏打鸡”的逆反行为，完全是出于一种对自我价值保护的本能。自我价值是人的心理根基，任何一个人都不能接受自己无价值地生存在社会上。当一个人被禁止或者严令做什么、说什么的时候，他会有一种自我价值受到损害的感觉，然后，他就开始本能地进行自我价值的保护。这种对自我价值的保护表现在外在言行上，就是在态度或行为上抗拒外界的劝导和说教。销售人员如果抓住了消费者的逆反心理，就等同于握住了一件经营获胜的法宝。例子中的销售人员就是从相反的思维方式出发，消除了消费者对销售人员的逆反心理，从而使消费者主动购买自己的产品。

因此，销售人员在向顾客推销产品的时候，一方面要避免引起顾客的逆反心理驱使其拒绝购买自己的产品；另一方面，还要学会刺激顾客的逆反心理，引发顾客的好奇心，让顾客产生强烈的购买欲望，你不卖他就会非要买。从而从正、反两方面来调动顾客的积极性，使自己的销售工作获得成功。

1. **从正面来说，避免超限**

从心理学角度来说，刺激过多、过强和作用时间过久都会引起心理极不耐烦或反抗的行为。例如，如果销售人员给消费者试图支配他的感觉，他只能对销售人员产生抵触，敬而远之。比如在卖场里，消费者往往有这样的心理：喜欢自由的购物氛围，不喜欢在销售人员的“紧盯”下挑选商品，否则会感到不自在。有许多销售人员不了解消费者这种心理。他们一看消费者走过来，就紧紧盯住，对消费者说：“您好，您想买什么？”或“你想买裤子吧，我们正在打折，您看这条就特别适合您这样的身材！”这种急功近利的做法，往往不能促进销售，反而会在某种程度上使客户产生抵触甚至反感。面对这样的提问，消费者可能会说：“哦，对不起，我不想买，只是随便看看。”然后就溜之乎也。

2. **从反面来说，自曝其短**

一般地讲，销售中像“质量可靠，实行三包，享誉全球”之类的营销宣传，未必就是一种实际情况的真实反映，而且因为各种商家都用这种方法营销，消费者对这种自吹自擂的广告宣传越来越反感。所以，有时用一些违反常理的招数，即利用逆反心理去招揽消费者，往往会有更好的效果。例如，一个手表的“扬短”广告，声称该表走时不太准确，一年慢24秒，请客户买时考虑。这使本来无人问津的腕表生意一下子兴隆起来。

总之，如果销售人员能够充分调动消费者的逆反心理，让消费者和你“对着干”，你往往能够让他们购买你的产品。因此说，利用消费者的逆反心理，是一个有效的销售策略。

“沙子”换“金子”的智慧

如果你问消费者，用“沙子”换他们手里的“金子”，换不换？他们一定回你一句“神经病！”不过，现实情况却是销售人员往往能够通过“沙子”般的恩惠，最终获得消费者“金子”般的回报，进而实现销售的目的。

麦当劳让公众无偿使用厕所就是一个典型的例子。

世界上最大的快餐集团麦当劳，一项众所周知的特殊服务就是：厕所向公众开放，在正常营业期间，你随时可以去麦当劳上厕所，并且不需在那里消费一分钱！而且，开放为公用的麦当劳厕所依然维持了高质量的服务：有专人定时、保质打扫，每个厕所的门后都有一张清洁表，每天的打扫人和检查人都要签字确认；卫生打扫得非常细致，有着具体的规定，像地面、台面、镜面、把手、水渍和纸篓等单项，都分列表格出来，列进工作程序，由专人逐一完成。虽然承担着一定的公厕的功能，人流量非常大，但即使这样，厕所仍然随时保持干净，没有异味，以最佳的形象接待有需要的公众。不仅如此，麦当劳还把厕所作为一种宣传窗口，整个设计风格和颜色与店面保持一致，让你使用的时候能够感觉到浓浓的麦当劳的风格，不会因为关上了厕所的门就好像进了另一个世界。

麦当劳是一家餐厅，销售好吃的食物是它盈利的主要方式，它为何要开放自己的厕所给有需要的公众呢？难道是想让公众在如厕之后心存感谢，马上就找张桌子坐下来就餐？

当然不是！麦当劳让公众无偿使用厕所，服务还特别周到，看似自己支出了一部分没有直接回报的成本。但无形中却给公众打开了一个窗口，让使用自己厕所的人体验到麦当劳独特的企业文化和超一流的服务。他们至少加深了人们对“麦当劳”这三个字的印象，当下次需要为自己的宝贝儿子或女儿过生日时，选择麦当劳的概率就会大大增加。

其实麦当劳这一策略，正是运用了这种“沙子”换“金子”的智慧。那就是，为公众增加额外服务，换取品牌提升和收益。这真是一种高明的营销策略，既带来了将来消费者增加的实惠，又为自己赢得了健康的社会形象，真是一举两得。

这种不公平的交换，其实是一种人际间的相互满足，心理学上称之为互惠效应或互惠原则。心理学认为，互惠效应之所以能够引发不等价交换，是由于人们习惯于对他人的某种行为，要以一种类似的行为去回报他人。而且在通常情况下，谁先施人以恩惠，谁就越能够从这种交换过程中受益。

除了提供无偿服务这种方式外，商家及销售人员用“沙子”换“金子”的手段还有很多，诸如：

1. **额外赠送礼物**

当销售人员向消费者推出有赠品的产品后，消费者的内心常会因为好奇或者喜欢，对活动中的赠品产生浓厚的兴趣，在这种心理驱使下会情不自禁地看看产品，此时，便给销售人员创造了机会。再加上销售人员热情、耐心地说服，人的内心会产生负债感。例如，他们觉得自己看了这么久礼品，销售人员又向自己介绍了这么久的产品，不买好像都不好意思或者很难拒绝，于是稀里糊涂地购买了一个自己原本不打算买的东西。

不过，在赠品的选择上，商家及销售人员也要制定基于消费者心理和消费行为的技巧性分析和针对性策略。比如，买“牙膏送玻璃杯”、“买洗发水送香木梳”等，消费者受到的触动是基于有价物赠品的使用性和现时个人或家庭需要的紧迫性，由于赠品和产品都是消耗品，所以它们相得益彰，促销具有持续性；比如“买水壶送茶杯”，“买微波炉送耐高温菜盘和碗”等，产品和赠品在使用过程中关联性非常大，功能上本身就是搭档，所以消费者受到的触动就是其配套性，相对于别的产品显得超值，同时避免了重复购买的开支，一举两得；比如“糖果罐设计成储币罐”“奶粉罐设计成多用储藏罐”，包装设计成书包、提袋、钱包、文具盒等。其新颖性和实用性是消费者选择的诱因……

2. 免费试用试吃

中国有句俗话：吃了人家的嘴软，拿了人家的手短。免费试用的妙处在于，这些样品本身就是一份促销员赠送给顾客的礼物，顾客无意中接受礼物后，就会产生一种负债感，因此只能通过购买产品的方式，以减轻那种负债的压力。比如，在很多超市里，经常会看见一些促销员端着饮料、糖果等食品，笑容可掬地请顾客品尝。品尝了促销员递过来的免费食品后，顾客就很难做到把牙签一扔，然后转身离去。大部分顾客在品尝完样品后，都会买回一些这样的食品，尽管自己并不太喜欢这种口味。还比如，在安利公司，流行着一种免费试用的推销策略：推销员将一组安利产品放在一些潜在的顾客家中，告诉他们这些产品都可以随意使用，不收取任何费用。没有人会拒绝推销员的好意，然而在使用过后，他们又会产生一种强烈的负债感，只好掏钱买下一部分安利的产品。

不过，不管是用哪种方式，只要销售人员掌握了消费者的这一心理弱点，就可以利用他们心理中这种互惠原则，完成一次一次“沙子”换“金子”的不等价交易。

吊起消费者的胃口来

好奇心是所有人类行为动机中最有力的一种。吊起消费者的胃口是引导消费者进行有效消费的最佳途径之一。

好奇心，其实人刚出生时就有。婴儿从母亲的子宫出来后，来到充满光明的世界中，周围都是没见过的东西。为了理解周围的一切，他会拼命地向四周观察。长大些后，他开始不满足于只用眼睛看，还要用手去摸各种东西，甚至不管抓到什么都往嘴里塞。孩子的这种行为叫做“探索行动”，可以促使孩子智力发展。其原动力就是好奇心。

人性就是如此，对我们来说，“为什么会这样”“到底是怎么回事”之类的问题得不到解决，我们就会感到不安。解决了这些问题，则会使我们获得一种安定的情绪。因此，销售人员可以利用人的好奇心，通过设置“悬念”，引起消费者的注意、吊起消费者的胃口来打开销路、销售产品。

丹尼尔开了一家水果店。有一次，储藏水果的冷冻厂发生了火灾，等大火被扑灭的时候，丹尼尔寄存在冷冻厂的1000磅香蕉已经被烤成了焦黄色，香蕉的表面还出现了很多的黑点。但是这些香蕉一点都没变质，相反，由于火烤的原因，还别具一番风味。

1000磅，这可是一笔不小的本钱，要是这样就扔了的话，太可惜了，并且香蕉也没有坏。丹尼尔将它们以半价出售，希望捞回一点本钱。可不少顾客走到摊前，见到这些丑陋不堪的香蕉，都摇着头转到别的摊位去了。连续几天，丹尼尔都没有把香蕉卖出去。

“这样下去不行，一定要想出一个法子把香蕉卖出去才行，不然就只能扔进垃圾箱了！”丹尼尔心想。于是第二天一大早，丹尼尔就开始叫卖：“各位先生，各位女士，大家早上好！我刚进口了一些阿根廷香蕉，风味独特，只此一家，数量有限，快来买呀！”很快，丹尼尔的摊前就围了一大群人。众人盯着这些黄中带黑的“阿根廷香蕉”，有些犹豫，不知道要不要买。

丹尼尔便问站在摊前的一位小姐：“小姐，你以前吃过阿根廷香蕉吗？”“哦，我可没有，从来没有尝过。这些香蕉蛮有意思的，只是有点黑。”小姐说。“这正是它们的独特之处，否则的话，它们就不叫阿根廷香蕉了。你见过鹌鹑蛋吧？鹌鹑蛋也是带有黑点，但是鹌鹑蛋却特别好吃，不是吗？”丹尼尔说，“请您尝尝，您肯定从来没有尝过风味如此独特的香蕉，我敢打赌！”于是他马上剥了一只香蕉递到小姐的手里，小姐接过去吃了一口。“嗯，味道确实与众不同。我买 8 磅。”小姐说。

既然那位小姐已经带头买了，而且说味道独特，于是大家不再犹豫纷纷掏出钱来。没几天，1000 磅被大火烤过的香蕉卖得精光。

丹尼尔之所以能把被火烤过的香蕉顺利卖出去，他利用的就是消费者好奇的心理。由此可见，在销售中，利用消费者的好奇心理，是一种很好的激起消费者购买产品的方法，在你满足了消费者好奇心的同时，他们也就会自觉地接受你的意见。

通常，销售人员唤起消费者好奇心的具体办法有以下几种：

1. 提问

人们有一种思维习惯，就是会对问题不自觉地产生关注。比如，一位销售员对客户说：“老李，您知道世界上最懒的东西是什么吗？”这种说话方式，很难不引起客户的好奇。于是，消费者能更有兴趣地听销售人员继续往下讲，而不容易拒绝他。不过，无论是提出什么问题来引起消费者的好奇心理，都应该与推销活动有关，否则无法进入面谈。

2. **隐藏**

如果你所拜访的客户已经掌握了他们想要了解的所有信息，他们还有什么理由非得见你不可呢？因此，销售人员面对消费者的时候，也可以用这种方法，即不要把产品的所有信息都透露给消费者。当部分信息在消费者面前晃来晃去的时候，他们就有想要获得更多信息的欲望。如果消费者开口询问，销售员就达到了主要目的。比如，销售员："先生，我们的工程师前几天对您的系统进行了一系列测试，他认为其中存在着严重的问题。"如果有人告诉你将要面临严重的问题，你会不会感到好奇？当然会！你一定想知道更多有关情况。一旦消费者的注意力集中到你的身上，你就可以继续通过询问有关问题来逐步引导销售程序的展开了。

3. **出新**

对于新东西，人们都想一睹为快。销售员提供新奇的东西可以激发客户的好奇心。更重要的是，人们不想被排除在外，所以销售员可以利用这一点来吸引客户的好奇心。比如："先生，我们将要推出两款新产品帮助需要者从事电子商务。它们对您很有用，您愿意看看吗？"

不过，利用消费者的好奇心进行销售，有时候也会被消费者认为是在耍花招，所以销售人员设置的"悬念"不应该太脱离实际，而且答案也要和消费者的自身利益相关，因为你的答案如果只让消费者觉得你一个人受益而他丝毫无利可图时，就会觉得受到了你的欺骗。没有消费者喜欢被玩弄的感觉，所以，利用好奇心销售要把握火候，不宜太过火。

将消费者的自私变害为宝

自私，可以说是人的一种天性。试想，当你拿起一张包括你在内的团体照片时，你先看谁呢？毫无疑问，一定先看自己。当联考放榜时，你先找谁的姓名呢？不用说，当然先找自己的大名。每当我们到风景区游览时，经常会发现有人在石头或树木上刻名留念。为什么他们会有这种幼稚的举动呢？因为他们希望别人知道他们，他们希望自己“永远活在别人的心中”……尤其是角色为消费者时，人们最关心的永远是自己的感受和自己的利益。

所以，精明的销售人员一定知道，做交易的时候，首先考虑的不是赚钱，而是俘获消费者的心。

1. 给他上帝的宝座

渴望被人重视，这是一种很普遍的、人人都有的心理需求，作为消费者当然也不例外。因此，这种心理需求正好给销售人员推销自己的商品带来了一个很好的突破口。渴望获得重视的心理包含两个方面，一方面是希望得到别人的认可和赞美，使自己获得优越感；另一方面是不愿意被人轻视，从而使自己显得与众不同，以吸引别人注意。

关于这一点，世界上最伟大的推销员乔·吉拉德就深有感触。以下是他的亲身经历：

有一次，一位客户来找他商谈购车事宜。在销售过程中，一切进展顺利，眼看就要成交，但对方突然决定不买了，这让乔·吉拉德百思不得其解。到了晚上，乔·吉拉德仍为这件事感到困扰，他实在忍不住就拨通了对方的电话。

“您好！今天我向您推荐那辆车，眼看您就要签字了，为什么却突然走了呢？”“喂，乔·吉拉德，你知道现在几点钟了？”“真抱歉，我知道是晚上11点了，但我检讨了一整天，实在想不出自己到底错在哪里。因此冒昧地打电话来请教您。”“真的？”“肺腑之言。”“很好！你是在用心听我说话吗？”“非常用心。”“可是，今天下午你并没有用心听我说话。就在签字前，我提到我的儿子即将进入密西根大学读书，我还跟你说到他的运动成绩和将来的抱负，我以他为荣，可你根本没有听我说这些话！”听得出，对方似乎余怒未消。但乔·吉拉德对这件事却毫无印象，因为当时他确实没有注意听。话筒里的声音继续响着：“你宁愿听另一名推销员说笑话，根本不在乎我说什么，而我也不愿意从一个不尊重我的人手里买东西！”

这次推销让乔·吉拉德懂得了尊重客户的重要性，从此，他牢记这次的教训，发自内心地将每一个客户当做上帝一样去尊重，终于取得了意想不到的收获。

对于销售人员来说，只有把消费者当做自己的上帝，消费者才会买你的账，你才能提高销售业绩。相信这不仅仅是乔·吉拉德的教训，现实生活中，许多销售人员也都经历过类似的事情。所以，在销售中，我们一定要像尊敬上帝一样去尊重消费者，让消费者感受到前所未有的重视，满足消费者的自尊感，这样才能够赢得消费者的心。

而且，对于销售人员来讲，可以说是消费者创造了市场，因为一个企业的产品只有迎合了消费者的需求，才能符合市场的需求，从这个道理上讲，消费者就是你的上帝。销售人员可以利用消费者这一心理，巧妙地促使消费者购买自己的产品。

2. 站在消费者的立场

销售人员要想获得消费者的认可，就得站在消费者的立场思考问题，真心实意地为消费者的利益考虑，这样消费者才会信任你，进而购买你的产品。

许乐在向顾客王小姐介绍自己的冰箱："王小姐，我们的冰箱采用的是最先进的技术，用电量很低，但是保鲜效果却是最好的，与其他牌子的冰箱相比，我们的产品更省电，用电量只有普通冰箱的一半，虽然价格略微有点贵，但是每个月能为您省下不少电费呢。"

王小姐听完之后，脸色缓和了很多，许乐观察到这个变化后继续说道："我们的产品保修时间很长，如果您购买了我们的产品，我们将免费为您维修，是不收取任何服务费用的。其他品牌的产品虽然一般也不要维修费，但是需要付服务费，这服务费也是一笔不小的开支啊！"听完许乐的描述，王小姐略微思索了一下，便决心购买许乐的产品了。

许乐销售成功的主要原因就是他站在消费者的立场上。而从消费者王小姐的立场来说，许乐的所作所为确实是为她的利益着想的，所以她才会信任许乐，而许乐也成功地完成了自己的销售工作。

销售过程当中，为消费者着想最为实用的一点就是能够为其提供增加价值和更加省钱的方案，这样销售人员才能够受到消费者的欢迎。时时刻刻为消费者着想，站在消费者的立场上看待问题，帮消费者想一下怎么才能够省钱，然后自己再从中赚钱。其实这样想也并不矛盾，因为当消费者非常信任你之后，才会继续和你合作，在多次合作之后，你从中获得的利润当然会比"一锤子买卖"要大得多。

另外，销售中还有一种技巧也是利用了消费者的自私心理：那就是记住消费者的姓名。因为人类最关心的是自己，所以连带非常关心自己的姓名。记住别人的名字，尤其是没有打过几次交道的人的名字，会使你的销售工作有意想不到的收获。因为准确记住消费者的名字，就表示你在乎他，这不但能建立良好的人际关系，而且对销售业务的拓展也大有帮助。

降价不一定畅销，涨价不见得难卖

在商品推销中，价格是一个非常敏感的因素。一般来说，价格的涨落会直接抑制或激发人们的购买欲望，两者呈反向关系。毕竟人人都喜欢花少量的钱，购买尽量好的产品。不过，在某些特殊因素的影响下，消费者也会产生对价格变动的逆反心理，导致“买涨不买落”的逆反行为。即当产品价格降低时，有一部分受个人心理特点、主观条件和对产品价格的理解程度的影响，会认为商品价格是由于商品品质下降，或是过时、滞销的积压品等因素而造成的降价。当商品提价时，消费者又会认为这些产品品质高，或产品的价格还有上涨的可能性。这也是消费者心理的一种反应。

而对于销售人员来说，既能让消费者购买产品，同时又不在价格上自我牺牲，实在是一件求之不得的事情。

那么，如何才能做到既提高价格又提高了购买量呢？

一位朋友经常光顾他家附近的一家小饭馆，时间长了，他发现这家店主在经营上的一些规律：菜单更换的频率一般在1个月左右。店主会根据时令，适当推出一些特价菜或小盘菜（主要是家常菜），但受消费者欢迎的菜，店主往往会涨上一两元。

周围的餐馆关了好几个，其中也不乏重新开张，后又倒闭的，但这家餐馆却一直生意兴隆，门庭若市。这位朋友一直觉得很奇怪：更换菜单、推出特价菜、小盘菜，可以说餐馆老板很会迎合客户需求，但提高菜价往往会使消费者忠诚度降低，甚至客户流失——店主既然懂得如何满足客户需求，为什么还要涨价，抑制客户需求呢？

其实，这里面就是一种心理效应在起作用。这种心理效应就叫做“大小刺激效应”。

即人们一开始受到的刺激越强，对以后的刺激的感受和反应也就越迟钝。换言之，人们受到的第一次刺激能够缓解他受到的第二次较小的刺激，前面的大刺激会使后面的小刺激显得微不足道。

这种心理效应的产生，实质是一种心理麻痹的手段：先设计一个较大的刺激放在前面，虚晃一枪，冲击一下对方的心理；而真正的目的则藏在后面，在对方已经形成较大心理刺激的前提下，再把它提出来，就显得不那么严重了。

比如在房地产销售中，一处房产由原价30万元突然涨到40万元，不会有人感兴趣，但如果涨到32万元，购房者却会趋之若鹜。原因就在于“大小刺激效应”：一套房子30万元，这个数目对消费者的心理刺激已经足够强，是个“大”刺激。当消费者接受了这个“大”刺激之后，房价上涨的那2万元或3万元这个小数目，在消费者看来已经是可以接受的“小刺激”——30万元都掏了，还在乎这两三万吗？同理，几个月之后，当房价变成35万元时，消费者就会想：“32万元都掏了，还在乎多加3万元吗？”

房地产商正是洞悉了这个普遍的心理规律，而使房价的上涨沿着一个缓慢而有序的轨迹，在有一个庞大基数的基础上每次涨一点，保持在一个合适的、心理可以接受的范围之内。

我们再回到上面的例子，相对于十几元或二十几元的菜价，涨一两元对大多数消费者而言都是一个能够承受的心理范围。店主虽然会不时调高菜价，但每次调高的菜单价格都在消费者能够承受的心理范围内，而且某道菜价格涨到一定程度也就固定了。这在一定程度上帮助餐馆老板达到了利润最大化，而且并没有损失消费者的忠诚度。

在实践中，商家和销售人员也可以灵活利用消费者的这一心理特点，以具体情况为变通条件，选择最合适的调价策略，实现销售制胜。

抓住不同消费者的心理软肋

产品分门别类，人也各种各样，不同的消费者当然也就有着不同的心理软肋。对于销售人员来说，针对不同的消费者采取对应的销售策略，一定会事半而功倍。

在研究不同消费者购买行为时，一般需要从不同角度做出相应的分类，但较为普遍的分类方法是以消费者购买态度为基本标准，因为消费者购买态度是影响消费者行为的主要因素。从这个意义上来说，我们将消费者分为以下几种：

1. 理智型消费者：你要专业

理智型消费者是指以理智为主做出商品购买决策的消费者。他们的购物思维方式比较冷静，通常要做广泛的信息收集和比较，充分了解所需商品的相关知识之后，才会做出购买决策。

对于销售人员来说，这一点也可以作为切入点：当你表现出你的专业和专注时，往往会赢得理智型消费者的心。而不应该把营销策略的重心放在包装、装潢、广告等方面，因为它们的影响力对这类购买行为的作用相当有限。

小吴是一家化学原料公司的推销员，公司生产的主要产品是化学试剂，质量很好。有个浙江农药厂需要一批化学试剂，小吴就去这个厂子推销自家的产品。刚开始推销时，小吴就是简单地“游说”，根本没有考虑该顾客的特点，结果沟通了好几次，单子也没有签下来，尤其是当小吴说出该老板的同行买的也是自己公司的产品时，该顾客竟然有些疏远小吴，最后小吴终于败下阵来。

不久后，小吴的同事小王接手了这笔业务，他分析了该顾客的类型，于是在拜访前先把产品的各项资料准备好，在与该顾客沟通时，把说话的重点放在技术方面的讨论上，把产品的各项技术难题都解释给该顾客，结果不久后，该顾客就签订了合同。

对于理智型消费者来说，即使他的朋友已经买了你的产品，你也不要以为他会买单，他们购买产品往往要通过自己多次分析。因此，与理智型消费者合作不能过于着急，你对待工作尽职尽责的态度，就会给消费者留下一个可靠的印象，那也代表你已经取得了他们的心。

2. 冲动型消费者：你要奉承

冲动型消费者指容易受别人诱导和影响而迅速做出购买决策的消费者。他们通常情感较为外向，随意性较强，最易受广告宣传、营销方式、商品特色、购买氛围、介绍服务等因素的影响和刺激，进而诱发出冲动性需求购买行为。

对于销售人员来说，你只要时不时说出一些赞美的话语，使得消费者心情始终保持愉快，推销即可成功。

一位身材还算不错的年轻顾客在丽丽的服装超市试衣服，试了好多次，没有一件满意的。根据经验，丽丽判断出这个顾客随意性较强，是属于冲动购物的类型。于是，在一旁对她说：“这些衣服真不好，您完美的身材一点都没有被显露出来。”

年轻顾客一听，脸上的表情顿时起了变化，她直起了身子，在镜子里重新观察自己，这时镜子里的形象也发生了变化，年轻顾客发现自己原来这样令人赏心悦目，与之前的形象完全不同，刚才出现的那些问题也消失不见了。丽丽看得出，这位顾客此时很满意，于是又赞许道："这件衣服真适合您的气质。""是的，它使我看起来精神很多，我好像一下子恢复了活力。"年轻女子惊奇地说。

可见，对待这类消费者，我们就应该顺其心意，说到点子上，让消费者内心触动。另外，对于冲动型消费者来说，其购买意愿的实现过程较短，我们必须把握住消费者的这个"热情劲"，速战速决，直接搞定。

3. 习惯型消费者：你要疏导

这是指按照顾客个人对品牌偏好的定向购买行为。这类购买行为较少受广告宣传和时尚的影响，其需求的形成，多是由于长期使用某种特定品牌的商品而使消费者产生了信赖感，从而按习惯重复购买。

对于销售人员来说，若只是一味地广告宣传、做促销去诱导，很有可能会付出失败的代价。正如对待洪水一样，我们堵不住，又不能放任自流，最好的办法是"疏导"。目的是给消费者一个消费你产品的全新理由，这个理由一定是其他同类产品所不具备的。

某建筑工地，十年用的都是某一家工厂的沙子。另一沙子工厂的销售员多次上门推销，都被拒绝了。这一天，他又一次来见经办沙子业务的经理，不过这一次他一句话不说，只是把一张报纸摊在地上。从皮包里取出一小袋沙子，突然往下倒去。一时间，办公室里尘土飞扬。"你这是干什么？"经理被呛得连连咳嗽。推销员从容不迫地说："这是贵公司现在用的沙子，我刚从你们的工地上取来的。"接着，他又在地上铺了一张报纸，倒出另一袋沙子，却没有飞扬的沙尘。"这是我们工厂的沙子。"就这样，这个销售员拿到了订单。

可见，我们可以对消费者的消费习惯进行引导，把消费者引向一个全新的领域，塑造出我们差异化的品牌形象。并且，将产品的质量保持长期的稳定性，促成消费者的重复购买，形成对本产品的习惯性购买行为。

4. 选价型消费者：你要优惠

选价型消费者指对商品价格变化较为敏感的消费者。他们往往以物美价廉作为决定购买决策的首要标准。对于销售人员来说，最好的方法就是促销、降价或者回赠物品，此时的商品相对于平时来说，价格就低了一些，于是消费者就会抓住这一机会大量购买，通过与平时同类商品的比较来获得更大的满足。

如一些女士在购物买衣服的时候，常常用对方不降价自己就不买来“威胁”商家，于是商家最终妥协了，告诉女士“就要下班了，我不赚钱卖你了”，“我这是清仓的价钱给你的，你可不要和朋友说是这个价钱买的”，“今天你是第一单，算是我图个吉利”，于是这位女士自以为独享这种低价的优惠满意而归。此种情况并不少见，精明的商家总能找出借口卖出东西并让顾客觉得占了便宜。

从上面的例子我们也可以看出，许多选价型消费者也并不是喜欢对产品的真实价钱仔细研究，而是想买些更便宜的物品。

另外，还要注意，选价型购买行为还有一种截然相反的表现形式——选高价行为，即顾客更乐于选择购买高价优质商品。从这个意义上来说，销售人员的方针还必须及时地实现从“优质低价”向“受顾客支持的价格”转变。

其实，影响消费者购买行为的内在因素还有很多，年龄、性别、经济收入、教育程度等因素也会在很大程度上影响着消费者的购买行为。但不管是哪种消费者类型，只要你主动迎合，了解需求，有的放矢地抓住消费者的心理，制定相应的营销策略，就一定可以取得成功。

第三章

宣传的心理暗示

从心理机制上讲，心理暗示是一种被主观意愿肯定的假设，不一定有根据，但由于主观上已肯定了它的存在，心理上便竭力趋向于这项内容。人在生活中无时不受到心理暗示的影响，消费者当然也不能例外。

从消费行为上来说，影响消费者行为的因素，除了来自个体内部外，同时还受到个体以外的自然环境、社会文化、家庭、社会阶层等情境性因素的影响。也就是说消费者行为是在一定情境或背景下产生的，其中就包括商品在宣传过程中对消费者心理的影响。

中篇

消费者是怎样被『诱导』的

消费行为中的"标题党"

"标题党"，指的是网上的某些网民，他们利用各种颇具创意的标题吸引网友眼球，博得点击率。其实，在消费行为中，也有"标题党"存在的意义。我们都知道，这是个信息爆炸的年代，世界信息量以爆炸方式骤增，信息量现已经过剩并难以量化。信息量的爆炸发展和过剩打破了与原来注意力的比例，造成了注意力的相对缺少。缺者为贵，当然注意力就变得更值钱了。正如英特尔的前总裁葛鲁夫曾经说过："整个世界将会展开争夺眼球的战役，谁能吸引更多的注意力，谁就能成为下个世纪的主宰。"

那么，在商品的宣传过程中，如何才能将消费者的注意力吸引到自己这边来呢？

其实，注意力在心理学上是有规律可循的。一般来说，吸引消费者注意力的方式有：

1. **品名：投其所好**

消费者的购买行为，很大程度上会受到商品名称的影响。英国著名的戏剧家莎士比亚曾经说过，玫瑰不管取什么名字都是香的。实际上并不尽然。一个好的名称，对创造一个名牌来说，绝不是无足轻重的。

自从安藤百福发明了世界上第一包方便面后，日本的方便面就想打进美国市场。但是那时方便面还是世界上的新事物，美国人还从来没有听过"方便面"这一词，他们能接受这种产品吗？于是安腾百福针对美国人的状况，采用了"投其所好"的策略。

安藤在研究美国人的消费心理中发现，美国人的生理需要和心理需要主要表现在减肥上，而低卡路里的方便面正适应这种需要。于是，安藤把面条切得短些，以利于美国人用叉子吃；把汤的味道做得更符合美国人的口味；还给它起了个“杯面”的名称，适合于美国人用纸杯吃东西的习惯；再加上个副名：“装在杯里的热牛奶”“远远胜于快速汤”。因此，日本的方便面一进入美国市场，就受到美国人的热烈欢迎，销售量成直线上升。

其实，安藤的“投其所好”策略，很大程度上就是利用了商品名称会影响到消费者对商品的感知这一点。

2. 包装：制造晕轮

诚然，消费者判断商品的优劣是以商品的质量、价格和知名度为主要因素的，但是包装的“晕轮效应”则能把消费者对包装的美好感觉转移到商品身上，达到促销的目的。美国著名品牌策略专家大卫·艾克曾经说过：“人类有一个共同的脾性，就是经常通过物品的外在来判断其实质。通过物品外表给人的‘第一印象’来推测它的价值，并且越是华丽的东西，人们越是偏向于把它的价值往高的方向推想。”

而且，尤其是随着消费者自助式购物习惯的养成，包装更多地承担了促销的任务。因此，包装必须能反映产品的特色，吸引消费者的注意力。

美国的一家公司在所生产的饼干的罐盖上印上各种有趣的谜语，只有吃完饼干才能在罐底找到谜底，产品很受欢迎；我国的儿童食品“奇多”粟米脆每包都附有一个小圈，一定数量的小圈可以组合成玩具，小圈越多组合的玩具就越漂亮，结果迷住了大批的小顾客。

这两个例子都是从消费者求趣心理来制订的包装策略。当然，可以吸引消费者注意力的包装还可以从很多方面考虑。不管怎样，只有把握消费者的心理、迎合消费者的喜好、满足消费者的需求、激发和引导消费者的情感的包装，才能够在激烈的商战中脱颖而出，稳操胜券。

3. **广告：口碑相传**

中国人民大学舆论研究所的一项调查证明，现代人对媒体的态度发生了很大的变化，人们对媒体的权威性已经产生严重的怀疑了。试想一想，面对铺天盖地的广告，消费者唯恐躲之不及，谁还会去相信企业“一厢情愿”式地自吹自擂呢?

因此，不要忘了这里还有一种更加“古老”但却更加有效的广告形式——口碑营销。

口碑营销，相对于大众传媒，它利用的是人际传播渠道。人际传播不仅可信性强，而且富有活力，便于记忆，因而对消费者影响较大。更难得的是，口碑营销还利用了人类传播资讯的天性，传播成本几乎为零。

奥运期间，全国各地的全民健身运动也轰轰烈烈地开展了起来。某市小飞哥电动车的经营店主便决定利用这次难得的全民健身运动来提高一下知名度。

全民运动会上，为了确保全市100多人的长跑人员安全，市政府要求全程有机动车相陪，以保证那些落下的运动员有人接送。听到这个消息后，小飞哥电动车店主主动和市政府联系，提出让自己和自己的员工用店铺的电动车来完成这一项任务。

见有人主动请缨，市政府毫不犹豫地答应了。于是，在浩浩荡荡的队伍后面，人们可以看到一排小飞哥电动车不远不近地跟着，无论看到谁掉队了，这些小飞哥都会把他拉到自己的车上。有的车搭载一个人，有的车搭载两个人，有的车甚至搭载三个人，并且这样的车还不少。

就在搭载三个人的小飞哥从队伍旁边呼啸而过的时候，有人禁不住地竖起了大拇指："这车是什么牌子的，真厉害，一下子能拉这么多人。"随着这一声赞叹，很多人也发现了这个现象，纷纷表示赞同。这个消息开始一传十、十传百地传播开来。全民运动会结束了，人们不仅分享到了运动带来的快乐，也见识到了小飞哥电动车的神奇力量，于是那些想要购买电动车的人纷纷奔向小飞哥店铺。

可见，众口铄金。利用消费者的"传声筒"作用，帮助销售人员进行商品促销，不失为一种有创意的促销方式。

不管是哪种方式，总而言之，只有吸引了大众的注意力，大众才会对某种产品注意，才有可能成为消费者，购买这种产品。

罩在名人的光环之下

聪明的消费者，不会因你的声明便购买产品尤其是价值昂贵的产品，他们需要证据。既然如此，聪明的销售人员当然准备足够的证据来证明产品的种种好处。其中，最好的证据就是名人的见证。例如，在淘宝网上的服装店里我们经常会看到对于服装这样描述的：某某同款羽绒服，某某明星最爱的凉鞋。也许这些服装店主就是卖一个与明星同样的款式，但是，就是因为有了这样的明星效应，很多服装成为了爆款。

因为人们总是有这样的心理，名人生活的环境是非凡的地方，与名人有联系的必定是不一般的，基于这种心理，人们纷纷追逐、效仿名人。因此，罩在名人的光环之下的商品，也会让消费者产生非常大的好奇心，产生非常大的信赖感，促使他们立刻行动。

美国一出版商有一批滞销书久久不能脱手，他忽然想出了一个主意：给总统送去一本书，并三番五次去征求意见。忙于政务的总统不愿与他多纠缠，便回了一句：“这本书不错。”出版商便借总统之名大作广告：“现有总统喜爱的书出售。”于是，书被一抢而空。

不久，这个出版商又有书卖不出去，又送一本给总统，总统上过一回当，想奚落他，就说：“这书糟透了。”出版商闻之，脑子一转，又做了广告：“现有总统讨厌的书出售。”不少人出于好奇争相抢购，书又售尽。

第三次，出版商将书送给总统，总统接受了前两次的教训，便不作任何答复，出版商却大作广告：“现有令总统难以下结论的书，欲购从速。”居然又被一抢而空，出版商却因善借总统之名大发其财。

尽管这是个笑话，但却也说明了，滞销的商品通过销售人员的精心策划，假借名人效应，还是可以由滞转俏的。

其实，这主要是人们心理上的一种“光环效应”。也就是说，当一个人在别人心目中有较好的形象时，他就会被一种积极的光环所笼罩，从而被赋予其他良好的品质。就好比当我们看到一个人长得很漂亮的时候，也就会觉得她很聪明、很善良等。由于销售人员所选取的名人一般具有积极的形象，所以人们会把对名人的积极印象扩大到产品中，进而对产品也会持有积极的印象。

从方法上来说，可灵活多变，例如：可以在书店里请名作家与顾客见面，并对所购书籍签名留念，一般促销都非常好；可以在商场中请名演员献艺，自然能吸引大量顾客，生意也自然兴旺；可以在商品及包装上请名人写字作画，如 20 世纪 60 年代我国生产的一种搪瓷脸盆上曾印有齐白石画的虾，虾在盛有清水的脸盆水波中看上去是在缓缓游动，这种洗脸盆特别畅销；有关领导到商场了解、蹲点、站柜台时，可吸引大批群众进店；还可以请名人在商品上签字，如布娃娃在美国原售每个 20 美元，但有“椰莱娃娃”原设计者亲手签名的布娃娃售价曾高达3000美元，这种椰莱娃娃在美国曾一时供不应求。

不过，借名人的光环来装点自己的门面，固然是一种很好的销售手段，但也要避免弄巧成拙。在利用名人效应的问题上，为增强效果还应注意以下几个方面。

一是名人身份要与广告内容相适应。很多商铺在利用名人做广告时，常把一些名人的照片、签名贴在商铺墙壁上，以为只要是名人就可以了。其实不然，在选择名人的时候最好选择和自己的商铺和商品有关联的，比如说要想提高运动鞋的品牌知名度，那么最好选择运动员明星，而不是选择其他的明星。

二是选借的名人要有良好的公众形象。借名人的光环，难就难在找准“借”的对象，找对了，可以轻而易举地扩大产品的销量，可以让滞销的商品重新焕发生机。万一找错了，借来了消费者深恶痛绝的，说不定不但没有“还魂”的机会，还会给自己留下个“坑蒙拐骗”的骂名。例如，意大利某公司追求所谓标新立异，以至于走火入魔，有一次用一个声名狼藉的死囚的形象，令人咋舌。因此，选聘的名人要求德艺双馨，有良好的口碑；如果有偷税逃税、打架斗殴、生活腐化等不良品行，必须弃用。

“后付款”的诱惑与威力

在产品的宣传活动中，常常会听到销售人员诸如这样的承诺：“消费者可以先免费试用该产品15天，试用期满后消费者可选择无条件退回该产品。”你或许认为商家会收到很多退回的商品。可结果却是，更多的人购买了该产品。

其实这是一种常见的营销技巧，利用的就是“后付款”的诱惑与威力。这里面涉及消费者的两种心态：

1. **禀赋效应**

“禀赋效应”又叫“所有权依赖症”，也就是说，当你把一件商品带回家之后，它已经像是家中财产的一部分了，这使得人们不愿意归还而更愿意购买该产品。例如，父母领孩子们去逛街，路过宠物店，孩子们围着小狗不忍离去。店主和小孩家长认识，慷慨地说：“把它带回家去过周末吧。如果它跟你们合不来或者你们不喜欢它了，星期一早上再把它送回来就行。”谁能抵挡这样的诱惑？于是人们欢天喜地地把小狗带回家了。两天的接触中，他们在不知不觉中发觉这只狗已属于他们了。想还给店主的念头，被离别的痛苦战胜了。

心理学家曾经做过这样一个实验来验证这一效应：

第 1 组：研究人员准备了几十个印有校名和校徽的马克杯，这种马克杯在学校超市的零售价是 5 元，在拿到教室之前，标价签已经被撕掉了。研究人员来到课堂上，问学生愿意花多少钱买这个杯子（给出了 0.5 元到 9.5 元之间的选择）。

第 2 组：研究人员来到第二个教室，但这次他一进教室就送给每人一个这样的杯子。过了一会儿研究人员说由于学校今天组织活动开大会，杯子不够，需收回一些。老师让大家每人都写出自己愿意以什么价格卖出这个杯子（给出了 0.5 元到 9.5 元之间的选择）。

实验结果显示，在第 1 组中，学生平均愿意用 3 元钱的价格去买一个带校徽的杯子；而到了第 2 组，当需要学生将已经拥有的杯子出售，出价陡然增加到 7 元钱。

因此，我们可以得出这样一个结论：相对于获得，人们非常不乐意放弃已经属于他们的东西。这种现象就是“禀赋效应”。对于销售人员来说，只要你可以使消费者接受“不满意七天可以退货”的商品，那么，“所有权依赖症”就开始要在他身上起作用了，这件商品也就基本上销售出去了。

2.“找短处”心态

在后付款销售中，这种心态也在巧妙地发挥着作用。消费者购物时，如果遇到的是先付款，便会担心因选错而为自己增加一定负担，所以他们便会利用“找长处”的心态来解决这一问题，因而常常自问“这个东西确实最好吗”“现在必须要买它吗”，然后尽量慎重地消费。但在进行后付款订购时，消费者最常持有的心态则是“它有必须退货的缺陷吗”，即自然而然“找短处”的心态。

这一心态，在心理学上也是通过一个实验证明的：

一对夫妇因无法解决家庭矛盾而决定离婚，围绕着儿子的归属及养育权问题，两人闹上法庭。如果你是该案件的陪审员，依据以下条件，会将养育权判给谁？

甲方：收入一般；健康状态一般；业务量一般；与孩子的关系一般；社会生活一般。

乙方：平均以上的高收入；略有健康问题；频繁的业务出差；与孩子的关系亲密；社会生活活跃。

据普林斯顿大学艾尔达·沙弗教授的研究团队研究显示，约有64%的人决定，将养育权交给乙方。那么，假设法官对陪审员提出的问题，不是“养育权判给父母哪个”，而是“养育权不能判给父母哪个”，又会如何呢？如果心态并不重要，无论是肯定的提问、还是否定的提问，都应该得到相同的答复。再者说，既然有64%的人决定将养育权判给乙方，所以应该是36%的人决定不能判给乙方对吧？可实际结果却是，足有55%的人决定养育权不能判给乙方。曾有一半以上的人认为应该将养育权判给乙方，现在又有一半以上的人认为不能将养育权判给乙方。

为什么会出现如此矛盾的结果呢？这是因为，从陪审员的立场上来看的话，他们听到“养育权不能判给父母哪个”时，“找短处”的心态就会被激发出来。所以很显然，乙方无法好好照顾孩子——频繁的出差、社会生活也活跃，如此看来他与孩子在一起的时间一定会受到限制；相反，当被问及“养育权应该判给父母哪个”时，被激发出来的则是“找长处”的心态，这样乙方无疑是最佳选择——高收入、与孩子间的亲密关系，因此乙方理应拿到养育权。

因此，除非发现不可原谅的缺陷，否则消费者们一般不会要求退货。其实，在打算使用后付款订购时，消费者一般都在想“不喜欢就可以退货”。但一旦订购物入手以后，他们的心态就会由“有非要购买的价值吗”转变为“是否存在必须退货的缺陷呢”？

基于消费者的这两种心态，聪明的销售人员就可以经常利用“后付款”的诱惑与威力来提升自己的销售业绩。

吃不到的葡萄才最甜

《伊索寓言》中有一个家喻户晓的故事，说的是一只饥饿的狐狸路过果林，看见架子上挂着一串串葡萄，垂涎欲滴，却摘不到，只能悻悻地离开，同时嘴里嘟囔着：“葡萄还是酸的！”而这句话的言外之意就是，吃不着或者不够吃的葡萄，人们才觉得是最甜的。

其实，消费者行为心理学中也可以借用这个术语，用来解释稀缺效应带来的购买欲，即对一种商品在时间或者数量方面进行限制，往往能勾起消费者的购买兴趣。这是因为，在消费者的心里，时限越短，数量越少，就越难得，进而使自己因为不愿意错过这样难得的机会而采取某种行动。这种心理效应可以达到这样一种效果，那就是："就是它了，我绝对不会再错过了！"它几乎能够左右消费者的行为，甚至改变人们原先犹豫不决、游移不定的态度。

一家电影院为自己做影片放映的宣传："预订数量有限，放映仅限三天！"这样的宣传无疑会引起人们的关注，短短的一句话中，就从两个方面暗示大家："机会很小，欲看从速！"一是"预订数量有限"暗示获得观赏门票的机会稀缺，很可能会买不到票；二是"放映仅限三天"暗示消费时间有限，一旦错过就不再有机会。

而当这些方面被限制的时候，那种"机不可失，时不再来"的氛围会给人带来一种强烈的紧迫感，使人们不再犹豫，甚至放弃过多的考虑，果断行动，以便抓住这稍纵即逝的机会，免受错失之痛。

而利用这一原理，销售人员就能够很容易促使消费者及早地采取行动。具体来说：

1. 时间限制——"最后三天"

消费者之所以会优柔寡断，在很大程度上是"还有"意识在作怪，还期待：还有希望，还有时间，还有一次，还有更好的。要让消费者尽快下决心，就要打消他们的"还有"意识。

从心理学角度来讲，"最后"意识就是"还有"意识的对立面。一旦对方明白自己的期待是毫无意义的，他就会像你所期待的那样，早下决心。

例如，走在街上，我们经常会见到不少店铺的门口打出“最后三天，欲购从速”等类似的通告，而这往往会带来哄抢的效果。

而且，你设置的这个最后期限越彻底，其短缺的效果也就越明显，而因此引起的人们的拥有欲望也就越强。这在销售人员进行产品推销的过程中是很有成效的。因为这就暗示了消费者，除非现在就选择购买，否则以后再买的话，就需要支付更多的钱，甚至根本就买不到。这无疑给消费者施加了高压，使其在与自我的斗争中努力地去说服自己购买。

2. 数量限制——“最后一套”

在现实生活中，很多人喜欢收藏古董，而那些古董之所以价值连城，主要原因就是因为它们稀少、罕见，不容易获得。如果类似的古董到处都是，那么它们也就不值钱了。销售人员在销售商品时也可以利用这种人性心理特点来提升产品的价值和缩短消费者的决策时间。

一名百货公司的销售人员在向顾客推销的时候，总是能够巧妙地运用稀缺原理来促使顾客尽快做出决定。即使面对的顾客不同，推销的商品各异，他也总能取得不错的业绩。他总是和顾客这样说：“先生，这种引擎的敞篷车在本地不超过10辆，而且厂里面已经不再生产了，错过了这次机会，以后想买，恐怕也买不到了。”“这种厨具就剩最后两套了，而另一套您是不会选择的，因为它的颜色不适合您，所以这套厨具非您莫属。”“您也许应该考虑一下多买一些，最近这种商品十分畅销，工厂里已经积压了一大堆订单，我不敢保证您下次再来的时候还有货。”

这样的说辞无疑是十分有效的，数量有限的信息确实会对消费者的购买决策产生有效的影响。消费者在其影响下，为了使自己不因买不到而后悔，总是会果断地做出选择。先将自己喜欢的商品占为已有，这样才能够安心。

因此，当销售人员发现顾客对某种商品感兴趣的时候，如果能对其进行巧妙地引导，在说明商品质量可靠、价格实惠的同时，不妨再加上这样一个善意的提醒："这款商品刚刚卖出一套，这恐怕是我们这里最后一套了，如果错过，就需要等到一个星期以后再来了。"则会有效地促进销售。

标价牌上的心理暗示

消费者的很多消费决策都会受一些无关参考值的影响。例如，他们总是不可避免地会拿现在的价格与原来的价格比较，并从它们的差额中得到满足，即获得交易效用，然后做出购物行为。因此，销售人员大可在标价签上做做文章，引导消费者产生错觉。

1. 利用数字错觉

大家都知道，整数计算起来十分方便，可是，在零售现场，您几乎找不到用整数标价的商品。198 元绝不会标成 200 元，16.80 元不会标成 17 元。这不是商家自找麻烦，而是商家的精明。数字的心理意义在于以下原因：

一是先入为主的心理作用。根据先入为主的概念，198 元就是 100 多元，而 201 元则是 200 多元。这样使人产生相差很大的感觉。在标志判折范围的时候，也是同样的道理，3~8 折，一定会将 3 折写在前面，而不会是写成 8~3 折，将 8 放在前面。

二是四舍五入的心理概念。由于人们将四舍五入作为数字处理的基本原则，被广泛应用，在判断价格的时候也不例外。14.80 元与 15.10 元感觉一样吗？ 14.80 元感觉是 10 元出头，15.10 元则像是快到 20 元。因此，消费者心中有一个明确的高中低价格表，分别对应不同的数字与单价，了解这方面的资讯对于定价很重要。

2. 利用颜色错觉

在百货公司里，无意间听到一人如此说：“商店促销时不是都会贴黄色传单吗？我每次看到这种传单，都会被它吸引，觉得里面东西一定便宜，不进去买点太可惜！所以我就进去，一买便是一大堆。可是，一回到家我又后悔了，因为大部分的东西我现在用不着。”

就心理学研究来说，这段话意义非凡。通常，黄色总会予人不好的联想——如“黄色小说”“黄脸婆”等。人们对黄色“轻视”的现象也是非常普遍。例如，买车不买黄色汽车，看书排斥黄色书刊。在美国，甚至凡是内容开放，纯趣味性，但却被人瞧不起的大众报纸均被称为“黄纸报”。就拿汽车销售传统来看，六成以上的消费者都会指定要买白色汽车，而黄色汽车总是无人问津。

同样的道理，出版业界为使定价高的书看来有便宜的感觉，就会花工夫把纸张漂白，引诱人们产生价钱合理的错觉。而将特价商品的标价牌做成黄色，原因也在此。

3. 利用写法错觉

商品促销时，仅是标价牌的写法也足以影响销路。

例如，我们常常见到在减价促销的广告中，旧的价格被写在新的价格旁边并被划去。通常，划去的原价是个整数，而新的价格是以 9 结尾的。而这个小细节让你觉得两个价格之间有很大的差距，因此你认为买下它是再合算不过的了。

而且，原价往往是印刷字体，折扣价则是在旁用笔写上的。这种做法是因为印刷字给一般人的印象是正式的、权威性的、昂贵的；而手写出来的数字常予人有非正式的、特别的、便宜的感觉。故而，即使是价钱相同的东西，业者多喜用这种方式使商品看起来廉价。

总而言之，这些做法的目的，都是为了让消费者感知此时的商品相对于平时来说，价格低了一些，这些错觉的产生会让他们获得更大的满足，那么，他们就会抓住这一机会大量购买。

消费体验，兹事体大

一般而言，消费者在购买时最关心的是产品的质量问题，害怕花了钱却买不到称心如意的产品。然而，产品的质量单纯地靠理性说服是远远不够的，能够轻松赢得消费者的最好办法就是借助“先体验，后购买”的情感诉求。因此，为消费者提供一个体验的平台是非常重要的。销售人员要让消费者能够听到、看到、摸到、感受到自己的商品，这样才会加深他们的感觉，使他们消除疑虑，产生信任。

张亮是某玻璃清洗剂公司的销售新人，进公司不到一个月，其销售业绩就上升到公司第一，这令同事们感到很意外和不解。原来，每次他向客户推销公司的产品时，都会随身带着一块玻璃和一瓶清洗剂试用品。简单地介绍完产品的功能后，他总是邀请客户亲自拿着布在脏玻璃上用清洗剂擦拭。看到效果的客户在感慨的同时，十有八九会购买他们公司的产品。

这种体验式销售不但可以增进消费者对产品的了解和好感，而且也会增强消费者对你及你的产品的信任度，缩短销售成交的时间。

这其实也是有心理学依据的。因为从心理学的角度看，人的情绪最容易被调动起来的时刻是当其身临其境、亲身感受之时。而消费者在体验产品时不自觉地就会投入感情，并且有着希望拥有的心理暗示，这都无疑是促使消费者更快地做出购买决定的动力。

所以，销售人员要想把自己的产品成功地推销给消费者，尤其是在各行各业的竞争近乎白热化的今天，最好的办法就是让消费者先体验、后购买。美好的亲身体验会增强消费者对产品的喜欢和偏爱，消费者在体验的过程中会牢牢记住产品的优点，忽略那些微不足道的“小毛病”，在心理上拉近与产品的距离。

从体验的形式上来说，由于体验的复杂化和多样化，伯恩德·施密特在《体验式营销》一书中将其分为五种类型：

1. **知觉体验**

知觉体验即感官体验，将视觉、听觉、触觉、味觉与嗅觉等知觉器官应用在体验营销上。例如，如果你卖的是床垫，就请客户躺在上面试试；如果卖的是相机，就让客户拿着相机对焦，空拍几张；如果卖的是服装，就鼓励客户试穿一下；如果卖的是快餐食品，就准备一些让客户品尝等。销售人员就是要让客户先睹为快、先闻为快、先摸为快，一旦客户为之心动，成交也就不远了。

2. **思维体验**

思维体验即以创意的方式引起消费者的好奇、兴趣、对问题进行集中或分散的思考，为消费者创造认知和解决问题的体验。比如，推销“新马泰十日游”，销售人员当然没有办法将那些旅游景点一一搬过来让顾客感受和触摸，但却可以调动消费者的想象力，通过自己具体的、生动的、绘声绘色的描述，让美好的东西在消费者的脑海中具体化，产生身临其境的效果，这样也能使消费者参与进来。

3. **行为体验**

行为体验指通过增加消费者的身体体验，指出他们做事的替代方法、替代的生活形态与互动，丰富消费者的生活，从而使消费者被激发或自发地改变生活形态。比如，美国有一个销售安全玻璃的业务员，皮箱里面总是放着许多裁成15公分见方的安全玻璃，他随身也带着一个铁锤子。每当他去拜访客户的时候，总会问他们："你相不相信安全玻璃？"当客户说不相信的时候，他就把玻璃放在他们面前，拿锤子往桌上一敲。每当这时，许多客户都会吓一跳，同时他们会发现玻璃真的没有碎裂开来。然后客户会说："天啊，真不敢相信！"这时他问他们："您想买多少？"他们马上就与他成交了。经常是整个过程花费时间还不到1分钟。

4. **情感体验**

情感体验即体现消费者内在的感情与情绪，使消费者在消费中感受到各种情感，如亲情、友情等。麦当劳的广告就是一个成功的例子：麦当劳请富有才华的广告经纪人雷哈德负责为其制作广告。雷哈德本想从汉堡包品质入手，但调查结果显示，麦当劳的汉堡包与其他几家制作的汉堡包在品质、口味上并无显著差别。于是，雷哈德决定不以麦当劳汉堡包好味道作为广告的主题，而以麦当劳可以带给消费者一段家庭欢聚的快乐时间为切入点。

5. **相关体验**

相关体验即以通过实践自我改进的个人渴望，使别人对自己产生好感。它使消费者和一个较广泛的社会系统产生关联，从而建立对某种品牌的偏好。例如，法国兰金化妆品公司的一个销售策略就是让客户参与。一旦确定了客户的需求之后，销售员便会提供该产品的试用样品——无论是清洁乳液、口红还是香水——并开始为客户试用。一旦客户试用了兰金产品，销售员就能创造出一幅客户所期望的美的形象。化妆品的香味、质地、颜色共同创造出一场多感传递的高效销售说明。

不过，尽管体验式销售可以拉近销售人员与顾客之间的距离，成为销售人员推销的新式武器。但体验式销售并不是适合于所有行业和所有产品，产品只有具备不可查知性，其品质必须通过使用才能断定的特性，才可以运用这种方式。因此，销售人员只有在推销这类产品的时候才能实行体验式销售。

“产品维纳斯”带来缺憾之美

众所周知，维纳斯女神像是因为缺憾，才更加美丽。同样，销售人员在给消费者介绍自己的产品时，也不用试图回避产品的缺点。相反，适当地暴露一些不足，将之变成产品中的“维纳斯”，反而会得到消费者的信任，更容易取得订单。

遗憾的是，在现代许多商业宣传中，几乎都是采用一边倒的“单面宣传”方式。大多数的销售人员只是一味地宣传产品如何之好，而对产品的不足之处绝口不提。

当顾客看中了某件商品时，销售人员立即走过来，天花乱坠地为其介绍这款商品的优点，却对它的缺点只字不提。当顾客问他：“你的这件商品真的有这么完美无缺么，它有什么缺点呢？”这个问题经常让销售人员措手不及，他们只准备了如何推介产品优势的说辞，从来没有考虑过产品还存在着哪些缺陷。很多销售人员只好硬生生地回答道：“我们的产品目前好像还没有明显的缺点。”听到这样的回答，相信顾客一定会立即打消购买的念头，因为销售人员的“片面宣传”让人产生了不真实的感觉，自然对他所推介的产品缺乏信任。

事实上，不论多么优秀的商品，总会存在着一些缺陷。过分的“自卖自夸”，只会让消费者产生抵触和厌恶情绪，自然对他所宣传的产品持怀疑态度。如果销售人员可以采用“双面宣传”形式，即在说明某种商品或事物的优点的同时，也对它的缺点如实相告，往往能够让消费者觉得销售人员值得信赖，也由此信赖他推荐的产品。

不过，“自曝其短”这一招，也是要讲究一定的技巧性的，如：

1. 曝的缺点：要显而易见

其实，就像没有十分完美的人一样，世界上也没有十全十美的产品。销售人员与其绞尽脑汁地回避产品的缺点，在客户面前夸夸其谈，把黑的说成白的，把丑的说成美的，引起消费者的种种猜忌，还不如诚实一点，主动地以适当的方式把产品的某些缺点告诉消费者。尤其是那些显而易见的缺点，即使你不说出来，消费者也能看得到，坦然地讲出来，反而能够赢得消费者的信任。

有一位优秀的推销员准备向客户推销一块土地。这块土地由于靠近车站，交通十分便利，但因为附近工厂众多，每天的噪音不绝于耳。

他并没有向顾客介绍这块土地是如何的好，而是很坦率地告诉顾客说：“这块地的四周有几家工厂，若拿来盖住宅，居民可能会嫌吵，因此价格比一般的地段便宜。”但无论他把这块地说得如何不好，他还是会带顾客到现场参观。

当顾客来到现场，发现那个地方并非如他所说的那样不理想，不禁说道：“我原以为噪音有多大，我一直住在发动机不断轰鸣的地方，这点噪音对我而言根本算不上什么。您把缺点讲清楚了，我反而更加放心。”结果，这笔交易很快便做成了。

当销售人员把自己产品中那些无足轻重、显而易见的短处当着客户的面“和盘托出”时，消费者反而会自动将注意力集中在产品的优点上。如果再加上销售人员有意识的引导，通常消费者接受产品的概率会更大。

2. 曝的方法：用价格优势

当产品的质量得到保证后，产品的价格往往是消费者最关注的问题。当消费者因为产品的缺点而拿不定主意时，销售人员可以将自己的产品与一些价格较高的同类产品相比较，要让消费者明白产品的价格差异是你最大的优势。而要做好这一比较，就需要销售人员平时多注意收集同类产品的价格资料，以便进行对比，从而用事实说服消费者。

一天，某房地产公司的销售员带领一位客户去参观房屋。销售员：“您看，这就是您相中的那套房。”客户：“嗯，挺漂亮的。”销售员：“在我给您介绍之前，我想先告诉您这套房子的一个缺点。”客户：“啊？什么缺点？”销售员：“我们这套房的附近有一个火车道，火车一天会经过三次，每次 90 秒，也就是差不多 24 小时中您有 4 分多钟会受到火车噪音的影响。”客户：“嗯，是不太好。”

销售员：“所以，我们公司也给这套房推出了一个很大的优惠，您看到那个 42 寸的液晶电视了吗？”客户：“嗯，看到了。”销售员：“那是免费送给您的。其实，现在生活中哪儿没有噪音呢？只是有的噪音我们听多了，习惯了而已。”客户：“是啊！”销售员：“您想想，您只要每天忍受 4 分钟的噪音，那台 42 寸的液晶电视就是您的了。这买卖看起来不错哦！”客户：“嗯，有道理，小伙子，你很会做生意嘛，我就买这套房了。”

销售人员将房屋缺点——每天 4 分钟的噪音——讲给客户之后，又用“免费赠送 42 寸液晶电视”来突出了优势。强化对比，强化利益，比直接表达效果更好。

另外，销售人员提出产品缺点的时机也有一些讲究。销售人员在与消费者沟通时，通过巧妙地询问、认真地倾听，得知消费者的真实需求后，仔细地对比一下产品的优缺点与消费者需求的关系。如果你产品的优点正好是消费者的需求，那么，你便可以先放心地将产品的缺点告如消费者以博取他的信任。然后，再以他需要的优点加以弥补，这样往往会得到“皆大欢喜”的结局。当然，如果你产品的优点不太符合消费者的需求，那你就要谨慎行事了。

当然，“自曝其短”的方式也并不是对所有的消费者都适用，它更适用于那些文化程度较高、判断能力较强的顾客；而对于那些文化层次相对较低、优柔寡断的消费者，或许“王婆卖瓜”的效果恰恰更为显著。

给消费者一个乐于模仿的榜样

模仿，简单地说，就是照着别人的样子去做。

不管是有意还是无意的模仿，这是每个人都不可避免的心理机制。例如，小时候，从模仿父母亲的行为、语言、声调，进而学习社会生活、社会礼教规范，这些过程皆以父母为学习的蓝本；青少年时期可能会将模仿对象转为学校老师。大至生活态度、学习方法，小至吃饭喝茶等动作都会直接、间接地模仿自己喜爱尊敬的人。比如看见别人留长发，自己也留长发；看见别人家里怎样装修，自己也怎样装修；看见别人举止文雅，自己也注意礼貌；模仿自己尊敬的人用钱存钱的方法，自己也可以存较多的钱；等等。

尤其是消费行为，一般人都不愿意做“实验室的小白鼠”。因为购买产品从某种意义上来说，就是一种冒险。即使事先做了很充分的准备，搜集了大量有关产品的信息，但是买回来后用着怎样仍是未知数。因此，人们总是想知道是否有先例可循。如果有，就会觉得别人已替自己分担了一定的风险，才会更放心购买。而如果是地位高，有威信，受人敬重的人的话，那就更增加了不会出错的“保险系数”。

对于销售人员来说，如果可以正确合理地运用消费者的这一心理特点，给消费者提供最有效的证明——一个他们乐于模仿的榜样，不仅可以证明自己商品的质量，使自己充满信心，还可以消除消费者的疑虑，获得消费者的信赖，从而达到增加销售量的目的。

汤姆是一位销售专家，他随身携带着一本有许多页的客户名单，名字都是客户自己手写的。他将名单放在桌子上。

“你知道我们非常以我们的客户为荣，”他说，“你认识最高法院的威廉法官，对吧？我估计你也认识理查德，全国制造公司的总裁。他们都使用过我们的产品。你看，这是他们的名字。”他饶有兴致地和客户谈论这些名字，然后说：“有这样一些人都接受了这个价位，如……”他接下来念着一些更知名的人的名字，“具有这种才干的人是什么样的人，就具有什么样的判断力。我想把你的名字写在下面，和威廉法官与普雷市长的名字放在一起。”

无需再进行其他的争论，汤姆就与多数客户成交了。

其实，汤姆的成功就是靠用第三方的证明启动了消费者的模仿本能。这比干巴巴地介绍产品或服务的优点更能打动消费者。

在为消费者提供他们乐于模仿的榜样时，一般来说，有以下几种选择：

1. 权威人物

“人微言轻，人贵言重。”人们对权威的深信不疑和无条件遵从，使权威形成一种强大的影响力，销售人员利用这种权威效应则可以在很大程度上影响和改变消费者的行为。比如，销售人员这样说：“贵公司旁边的政府大楼使用的就是我们公司的产品。他们最初只是购买了一小部分产品，后来因为觉得放心可靠，现在与我们公司已经建立了长期合作的关系。现在只要他们有这方面的需要都会与我们公司联系……贵公司也可以先购买一小部分产品，如果觉得满意，咱们就再增加合同量，您看怎么样？”

2. 明星人物

打开电视机，不管我们乐不乐意，都会看到许多广告片，而广告中的人物大多数都是些有名的影星、歌星、体育明星，而不是那些名不见经传的小人物。我们都知道，不管是明星做广告还是普通人做广告，商品的质量都不会因此而发生变化。但由明星做广告的商品确实会因此而被很多人所接受，增加该商品的销售量。

这是因为，在名人的“光环”下，“注意力经济”也就因此而产生了。人们因为关注明星，而关注其代言的商品，因为对明星的感觉很好，则认为其代言的商品也是值得信赖的，这样就帮助商家达到了商品的宣传和销售的目的。

3. 身边的人

世界上最伟大的推销员乔·吉拉德将自己的成就归功于“250 定律”。即每一位顾客背后都有 250 个与他关系密切的人，这 250 个人可以是那位顾客的同事、邻居、也可以是他的亲戚、朋友，无论怎样的关系，毫无例外的是，这 250 个人必然会受到那位顾客的影响。如果你让他产生了不愉快的感觉，那么，也就意味着，你失去了他背后这 250 名顾客。

那么，反过来说，如果他背后那 250 名顾客知道他已经购买了你的产品，并且使用满意，那么，也必然会增加这 250 名顾客对于销售人员及产品的信任度。乔·吉拉德也曾说过：“买过我汽车的顾客都会帮我推销。”

当然，在销售的过程中，销售人员也要正确合理地运用这种优势，而不能贪图眼前的利益弄虚作假欺骗顾客，这样必然会带来严重的后果。

“自由”与购买行为

有时，我们会发现一种奇怪的现象：那些围在消费者身边热情推销的销售人员，反而不如让消费者自由选购商品的销售人员业绩好。

这是为什么呢?

这其实就是“自由”的力量！“自由”这个词包含着改变人们行为的实际影响力。简简单单对一个人说他是完全自由的，就有可能引导他完成你的心愿。

为此，研究人员曾做过这样一项实验：实验者在街上向路人借钱买公车票。当在“您请随意”的条件设计中，对路人这样请求：“您接受也行，拒绝也无妨，但您能不能借我几元钱买车票?”在对照实验中，只是说：“您可以借我几元钱买车票吗?”结果是，当表示自愿的时候，不仅出钱的人数增多，而且给得更大方。

从实验来看，自由感是个人自发的实施某种行为必不可少的条件。在消费行为中，这种心理往往表现为：消费者更喜欢一种宽松的、自由的购物环境供他们观赏和挑选，如果销售人员过分热情，紧紧跟随，并且喋喋不休地介绍商品，会让消费者反感，会让他们感到一种无形的压力，反而趁早“逃之夭夭”。

针对消费者的这一心理，销售人员就可以利用给消费者以“自由”的感觉来达到销售商品的目的。

1. **不要过分热情**

在销售中，热情是被销售人员认同的必须的一个服务环节，消费者进店要笑脸相迎，主动去招呼，买卖不成也同样需要热情，但任何的事情都有一个“度”。太冷漠会使消费者失去购买兴趣，太过热情也会吓着顾客。据日本的一家商业机构调查，在店门口站两名营业员，不时地向路人发出“欢迎光临”的邀请，又是微笑又是鞠躬。结果，大多数路人都绕道而行。

因此，作为优秀的销售人员，就要有不会使人感到过度和不自然的热情。而这其中的关键就是你需要与消费者保持恰当的距离，用目光跟随顾客、观察顾客。一旦发现时机，立马出击。一般来说，招呼的最好时机应该是消费者的心理阶段在“兴趣阶段”最为理想。以下几种情况是消费者产生兴趣的表现：当消费者看着某件商品（表示有兴趣）；当消费者突然停下脚步（表示看到了喜爱的商品）；当消费者仔细地打量某件商品（表示有需求，欲购买）；当消费者找标签、价格（表示已产生兴趣，想知道品牌、价格、产品成分）；当消费者看着产品又四处张望（表示欲寻求销售人员的帮助）；主动提问（表示消费者需要帮助或介绍）。当遇到这些情况的时候，销售人员就可以上前招呼了。不过，还要注意千万别出其不意地在消费者的背后出声，恐怕会吓到人，应该是从侧面自然地打招呼，及时地为消费者提供专业的产品知识。

2. **不要强买强卖**

消费者的消费决策，同样需要感受到这是基于自由意志做出的决定。因此，当客户选好了商品，却还难以做决定时，销售人员即使心里再着急，也不能催逼客户。这时，销售人员要做的是：给客户留下较深的印象，争取他后来自动返回。

有个大学生想买一套音响，由于产品种类很多加上经济条件所限，一时不知该选哪个好。正当他徘徊不定的时候，店员看穿了他的心思，对他说：“这些东西价格都很贵，最好慎重考虑考虑。你可以再到其他商店比较比较，俗话说，‘货比三家不吃亏’，比较好了，你再回来！”

听了这话，大学生顿感轻松，于是到其他几家商店观察和比较去了。但是看了一通，没看出什么明显区别，又觉得对最初那个店员的印象不错，就返回那个店，买了一套音响。

没有一个人喜欢被支配。如果你给消费者试图支配他的感觉，他只能对你产生抵触，敬而远之。这位销售人员一定是深刻理解这句话的。试想，如果他执意对大学生说：“我是绝对不会骗你的，不信你买下试试，肯定会满意的！”这样强买强卖，可能会让对方的心理感觉不太好，而使之拒绝你的推销。

总而言之，销售人员在做到热情、周到的同时，一定要给消费者留有一个自由的空间，当感觉消费者需要帮助时再给予帮助。对消费者进行帮助时也要注意把握两个原则：一是两厢情愿；二是适得其所。

有一种销售叫“霸气”

所谓“霸气”就是强大的气势，这在消费活动中有很重要的作用，好的推销人员能够意识到它的价值。

那么，什么是气势呢？

气势，其实就是一种无形的影响力，是一个人的品质以及意志等内涵的外在体现，并外化成一种影响和力量，对别人产生一定的吸引或者威慑。也就是说，它可以传递给别人这样的信息：你是自信还是谦卑，是胸有成竹还是心中没谱儿，是不可轻视还是可以随意应付。当你在气势上处于劣势的时候，不仅不能影响到别人，还可能被对方控制。

因此，销售人员在消费者面前，一定要将自己最强势的一面表现出来，要充满自信、要坚定果断、要谨慎认真，而不能唯唯诺诺、拖拖拉拉，更不能马虎大意、随波逐流。在许多情况下，销售人员表现出的强大气势才是买卖成交的最有效的方法。

而销售人员要善于改变自身的气势，增强影响力，其基础就是要有强大的意志力做支撑。有决心、有目标，才会有独立性，不受别人的干扰和影响，也不会随波逐流、半途而废。因此，销售人员如果能将决策时的独立性和果断性与执行时的坚定性完美地结合在一起，一种无形的影响力就会产生，你的自信与坚定，你的镇静与果断，足以让对方对你表示信服，对你有所依赖，并在你逼人的气势之下，轻易向你妥协。例如，日本“推销之神”原一平，尽管他身高只有1.53米，长相也很普通，但就是靠他的自信和坚定，培养出了强大的气势感染了无数的客户。

原一平在刚刚进入销售界，进行保险推销的时候，处境是十分艰苦的。他不但没有经验，而且自身形象不佳，几乎没有任何优势。因此在进入公司的半年时间里，他居然一份保险也没有推销出去。但是他并没有自怨自艾，依然微笑着面对自己的生活，因为他始终坚信，生命的天空总会有晴朗的一天。

他总是能够微笑地面对周围的一切，而且笑得那么真诚、那么自信。同时他也对自己的工作充满了坚定的信念，在别人已经灰心丧气的时候，他依然能够充满希望地面对。

有一次，原一平去拜访一位顾客。去之前他就听说这个顾客是个性格内向、脾气古怪的人，很难对付。但是原一平没有退缩，勇敢地敲响了顾客家的门。

“你好，我是原一平，明治保险公司的业务员。”

“哦，对不起，我不需要投保。我向来讨厌保险。”

原一平并没有生气，而是诚恳地问：“能告诉我为什么吗？”

“讨厌是不需要理由的！”顾客突然提高声音，显得有些不耐烦。

原一平并没有选择离开，而是依旧面带笑容地望着他说：“听朋友说你在自己的行业做得很成功，真羡慕你，如果我能在我的行业也能做得像你一样好，那真是一件很棒的事。”

原一平的话让顾客的态度略有好转：“我一向是讨厌保险推销员的，可是你的笑容让我不忍拒绝与你交谈。好吧，你就说说你的保险吧。”

于是原一平被请进了家门，原来顾客并不是讨厌保险，而是不喜欢推销员。而在接下来的交谈中，顾客在不知不觉中已经被原一平的自信、开朗、热情和坚定所感染。最后，顾客终于被原一平说服，愉快地在保险单上签上了他的大名，并和他握手道别，说：“你真是个了不起的人，我好像完全不能抗拒你似的。”

原一平就是靠自己的巨大影响力赢得了顾客的信任。他相信真诚和自信能够打动很多人。为了能够更好地影响顾客，他还苦练“笑功”，把“笑”分为38种，针对不同的顾客，表现不同的笑容，使自己不管在面对什么样的顾客时都能够散发出迷人的魅力，使顾客如沐春风，无法抗拒。

不过，作为销售人员，要想在消费者面前表现出这样的“霸气”，并不是一件容易的事情。现实生活中，许多销售人员不能正确地看待买卖之间的关系。要知道，销售人员向消费者销售产品，获得了金钱；但消费者也从销售人员那里获得了产品与售后服务，能给消费者带来许多实实在在的利益，提高了工作效率，双方完全是互利互惠的友好合作关系。销售，只是给消费者提供一个机会，不是乞讨。当你真正明白了这个道理，你就可以在一次次的磨砺中，实现从量到质、从胆怯、自卑到满怀自信、充满气势的飞跃。

第四章

环境的潜移默化

每个人都不是孤立的存在，必须在一定的环境中生存、发展，而环境对人的心理具有不可忽视的影响。所谓“环境造人”，不同的环境会使人产生不同的感受，导致不同的心理与行为。就是说，环境对人的情绪和认知、评价的影响作用是不容忽视的。

从消费行为上来说，色彩、灯光、声音、氛围等环境因素都会潜移默化地影响到消费者的购买行为。

中篇

消费者是怎样被『诱导』的

打开消费者的好“色”之心

在营销学中，有一个著名的定律，叫做“七秒钟定律”。也就是说，面对琳琅满目的商品，消费者仅仅用 7 秒钟就可以确定对相关商品是否有兴趣。而在这短暂而关键的 7 秒中，色彩的作用达到了 67%，成为决定人们对商品喜好程度的重要因素。甚至可以说色彩几乎左右了消费者的购买选择。

一家饭店地处繁华地段，服务周到热情，但开业后生意很冷清，消费者一进店门调头就走，令老板百思不得其解。老板的一位教授朋友实地观察后，认为问题出在饭店的墙壁、餐桌、地板全是火红色的，他告诉饭店老板：红色是一种冲击力很强的色彩，大量的红色会使人心情烦躁。

老板恍然大悟：“怪不得没人来我这里浅斟慢酌、谈情说爱呢，连我呆久了也会有暴躁不安的感觉。”于是，他把所有的地方都改成了淡绿色。不料，在营业中又出现新的烦恼：消费者就餐完毕不肯离去，大大地影响了餐座的利用率。

店老板又去向教授请教。教授说：“我只是让你改涂墙壁，谁让你去改桌椅和地板呢？”于是老板把桌椅、地板恢复成红色，果然，餐座利用率提高了，生意也愈发红火起来。原来，餐桌保留红色，能促进消费者的食欲；但是如果逗留时间过长，这种红色就会变成一团令人烦躁的“火”，会促使消费者快速离开。

这说明，恰当地运用和组合色彩，调整环境的色彩关系，对形成特定的氛围空间能起到积极的作用。

因此，作为销售人员，你也要特别重视色彩因素对消费者的视觉传达。例如，在卖场中，对于货品的布置既要重视细节，也要做好卖场整体的色彩规划。成功的色彩规划不仅要做到协调、和谐，而且还应该有层次感、节奏感，能吸引消费者进店，并不断在卖场中制造惊喜，更重要的是能用色彩来唤醒消费者购买的欲望。一个没有经过色彩规划的卖场常常是杂乱无章、平淡无奇的，消费者在购物时容易产生视觉疲劳，没有购物激情。

一般来说，色彩搭配有以下几个原则 ：

1. 用色彩增强消费者对产品的记忆力

人们对语言文字和图片的记忆力比较，大多数都是对图片的记忆力比较强烈，而又有比较研究发现，有色彩的、独特的搭配的色彩语言，为图片在大脑中的储存增加了超过一半的机会。销售人员恰如其分地运用色彩，就会强有力地刺激消费者的视觉，让色彩在消费者头脑中形成一种强势的语言。例如，家乐福的不少店都用彩色塑料杯拼出了自家的 logo，并用蓝色拖鞋组合成了一条海豚，挂在半空中。这样的搭配能积极调动消费者，并给消费者留下极为深刻的影响。

2. 利用色彩增加产品的附加值

产品色彩的多样性，满足了消费者选择色彩的多样性，这使色彩具有低成本高附加值的功效。据国际流行色协会调查数据表明 ：在不增加成本的基础上，通过改变颜色的设计，可以给产品带来 10 ～ 25% 的附加值。在很多小饰品的色彩运用上，首先给人最直观的感受是丰富的色彩，在外形一样的情况下，色彩的丰富加大了消费者选择的宽度，提高了产品超出本身的价值，大大提升了促成消费的可能性。例如，“三精口服液，我选蓝瓶的”。哈药集团生产的双黄连口服液正是运用消费者对色彩的敏感策略来提炼的产品卖点。如今，估计长城内外，大江南北的老少妇孺们没有人不知道这句广告语。

3. 运用色彩引起品牌的情感共鸣

色彩除了能留给消费者以强烈的视觉印象外，还能引起消费者的情感共鸣。例如，红色具有热烈、兴奋的情调；绿色具有冷静、稳定的情调；蓝色具有抑郁、悲哀的情调等。每一种颜色代表不同的语言、不同的性格表现。因此，利用色彩引发消费者的情感共鸣，达到最终的消费目的，也是一个必不可少的点。

瑞士雀巢公司的色彩设计师曾为此做过一个有趣的试验，他们将一壶煮好的咖啡，倒入红、黄、绿三种颜色的咖啡罐中，让十几个人品尝比较。结果，品尝者一致认为：绿色罐中的咖啡味道偏酸，黄色罐中的味道偏淡，红色罐中的味道极好。由此，雀巢公司决定用红色罐包装咖啡，果然赢得消费者的一致认同。

不过，不同的消费者对色彩的敏感程度有很大差异。一般来说，女性消费者、儿童消费者容易受到色彩的影响，因此以他们为目标市场的商品更应注重色彩的作用。

总而言之，适宜的商品色彩、包装色彩、环境色彩，会对消费者产生强烈的吸引力，进而形成一种先入为主的好感，并可能激发他们拥有某种商品的强烈欲望。那些还在成功路上徘徊的销售人员，何不尝试用色彩来为产品打开消费者的好“色”之心呢?

刺激感官，刺激消费

人离不开环境，环境的刺激会引起人的生理和心理效应，例如，我们在自己的家里、在自己的亲人面前才会感到不受约束，感觉到自由随意，而在其他场合就会受到拘束，而这种因为环境造成的不一样的感觉又必然会影响到我们的行为。推而广之，从消费行为上来说，消费者的购买行为通常也是在一定的购物场所或环境中实现的，因此，购物环境的优劣必然会对消费者的购买产生影响。

这样，我们则可以通过消费环境的改变，对消费者的心理造成一些有利的影响，促使交易朝着正面的方向前进。理想的购物环境，会对消费者的感觉器官有着较强的刺激力，使他们在观赏选购商品时，感到优雅、舒适、和谐，始终保持兴致勃勃的情绪，从而促成购买行动，而且在购物或消费之后，还能吸引他们再一次光临，让他们把满意的体会转告其他顾客，为自己传播美誉。具体来说，包括：

1. 音乐

消费场所播放的音乐能对消费者的消费行为起到非常重要的促进作用。例如，位于某大学附近的一家很受周围大学生和小区居民欢迎的书店——“芝麻开门”书店，就是利用看似无关紧要的背景音乐而取得成功的。

与大学周边众多的大小书店相比，“芝麻开门”的店面并不是最大的，图书品种并不是最齐全的，装饰也不是最华丽的，然而，“芝麻开门”书店却始终消费者盈门。书友们对“芝麻开门”书店的评价是：“去‘芝麻开门’书店，听着和谐的曲子，本身就是一种享受。”“芝麻开门”书店的店老板也承认，“芝麻开门”书店非常重视背景音乐的效果。

特别的是，“芝麻开门”书店还有自己专门的背景音乐设计方案，该方案根据不同的季节、时间而不同。书店每一季的音乐方案都由店老板结合自己多年来在音乐方面的品位，汇总各方信息的基础上亲自敲定，一经确定便不再轻易变更。所以，无论“芝麻开门”书店的工作人员如何更换，书店的背景音乐都是按照播放方案来的，不会因为工作人员变了就改变背景音乐的风格。

当然，销售人员也可以自由选择各种曲调、曲风的音乐，只要使消费者听过音乐之后产生愿意接近商品和店员并进行消费的反应就达到目的了。但是要注意的是，并不是任何音乐都能唤起消费者的购买欲望，音乐同样需要因人而异。例如：青少年经常光顾的卖场会播放摇滚和流行音乐；消费群体比较追求时尚潮流的地方趋向于播放流行乐队或乡村音乐等；在中产阶级常去的餐厅通常可以欣赏到爵士乐或器乐曲；在奢侈品消费场所总能听到高雅的古典乐曲；在超市的通道中穿行时往往伴随着管弦乐队的经典曲目。但无论播放何种音乐，目的只有一个：延长消费者的消费时间，赚更多的钱。

2. **气味**

我们总会被气味吸引。例如，面包店门前常年飘散的香甜气味会让人忍不住去买一个。

对此，心理学家曾在法国外省的一个小城里做过这样一个持续数星期的实验：

只选晚上的时间段作观察。这是一家小批萨店，有 22 个座位，菜单也相对简单（例如主食有 17 种批萨，4 种肉食主菜，3 种饮料，4 种沙拉）。安装在墙上的时髦的喷雾器启动后，气味分熏衣草和柠檬两种。根据事先对香氛的研究，熏衣草香精可以帮助放松，而柠檬有一定的刺激效果。引入“无香氛”作为实验控制条件之一。统计实验期间顾客在店里呆的时间长短以及平均每位顾客花费的金额。

统计数据显示，“柠檬”味独占鳌头。这种香精能让顾客呆得更久，消费更多。

其实，消费者大多数的购买决策都是建立在感情基础上的。而在人类的所有感觉中，嗅觉对人的感情最具有影响力。在某个地点闻到一种熟悉的气味，这气味本身从某种角度而言已经刺激到了嗅觉，于是能影响到消费行为。因此，销售人员就可以通过精心设计的香味来增强消费者购物氛围。

3. 温度

气温有时候也会影响人们的购物情绪。研究证明，气温在20℃到22℃的情况下，人心情舒畅；在18℃到20℃时，人的工作效率最高。当环境温度超过34℃时，人不仅大汗淋漓，而且心情烦躁，易产生过激行为。气温过低时，人会萎靡不振。当室温降到10℃以下时感到沉闷、情绪低落。气温低于4℃严重影响思维效率。因此，在消费者的购物环境中，对温度的控制也是有技巧的。

以商场为例，温度控制在25℃时人体感觉最舒适。太热，顾客会不愿意停留，太冷，顾客也不会过多停留，甚至会抱怨，以致麻痹本来很旺盛的购物欲。

一家女装商场曾经做过测试：在春夏装上柜的时候，把商场里空调的温度调高几度，专柜的春夏装一下子就好卖了，有的专柜销售额增幅甚至达到一倍，而一旦把温度调低，春夏装就明显不好卖了。而且连续试过几次，每次效果都很明显。

25℃是商场是最合适的温度，在这个温度下，顾客才会愿意在商场里逗留，或高或低都会影响他们的情绪。不过，不同的商品门类对温度的要求有时亦不一样，比如穿昂贵的商务装，顾客想要“冷一点”；卖运动装的商场则想“热一点”，这样泳装、透气的T恤等应季商品就会卖得快一点。另外，对于专卖店来说，最合适的温度是22℃，这个温度最容易成交生意。

总而言之，消费环境对销售起着非常重要的作用。仅仅为消费者提供质量优秀与价格合适的产品是远远不够的，如果没有提供相对应价值的环境与氛围，销售也是很难开展的。在营销活动中，创造让消费者感觉温馨、舒适的环境，会增加消费者的归属感，从而使其放松警惕，更容易和销售人员打成一片，说出自己的真实想法和需要，并使彼此真诚以对，利于交易的顺利达成。

商品陈列也是一种艺术

商品的陈列也会关系到消费者的购买欲望，法国有句经商谚语“即使是水果蔬菜，也要像一幅静物写生画那样艺术地排列。因为商品的美感能撩起顾客的购买欲望。”讲的就是商品陈列的艺术。所以，销售人员在摆放商品时也要考虑到消费者的心理需求。

那么，在具体的操作中，商品陈列要注意哪些问题呢？

1. **方便消费者挑选**

当消费者面对各式各样的商品，挑选自己喜欢的商品时，都会感到兴奋。不过要怎么做才能让消费者产生这种心理呢？基本上来说，最重要的就是陈列方式要方便顾客挑选。分类的方式不能单是采用卖方容易管理的方法，而要顺应消费者挑选商品的习惯。

2. **让消费者看到实物**

看不见内容物的商品，无法引起消费者的兴趣。“自己非常了解商品，就以为消费者应该也很了解”，这种先入为主的观念，会导致销售人员摆出说明不清楚、难以让消费者理解的商品陈列方式，而且这种情况经常发生。

举例来说，小型家电的包装上常常加注“附定时器”或是“附延长线”等的标示，作为商品的卖点。但是，好不容易附加的东西，假如因为放在包装内部而几乎看不见，就无法让消费者知道了，所以“附”的部分必须让消费者清楚看见才行。若是商品因为某些理由不能做成透明包装，就要采用陈列样品的方式，特别露出附加的部分，或是设计成让消费者摸得到实品的包装。

还有，在促销商品时，有时也会附送赠品，这也应该让消费者看到赠品的实物。

3. 陈列试用品

促销效果最好的工具，就是提供试用。所以，即便是制造商，也必须在店面货架上，设计自家商品的试用方式。例如，食品类的试吃；酒类的试喝；衣着配饰类的试穿试戴；健康仪器或高科技产品的试用；自行车等车类的试乘；房子也可以试住……

当然，发送试用品也是其中一个方法，但如果碰到无法制作试用品的商品该怎么办呢？包装好的商品无法用手拿取，所以样品陈列也是能让消费者拿在手上试用的方法之一。陈列试用品，比什么介绍都有效。

4.“乱堆乱放”

不要认为乱糟糟的商品，消费者就不会有购买欲。其实，有的人在购物的时候，喜欢在众多商品中挑拣自己认为物美价廉的物品。所以，如果你将一些衣物或者食物整堆的陈列时，不仅不会出现无人问津的现象，反而会出现成群购买的现象。这是因为顾客在挑拣东西的时候，可以满足其“淘”的欲望。运用这种整堆的不规则的陈列方法，既可以节省陈列时间，也可以产生特价优惠的效果。

5. 善于利用等待时间

有些店铺在销售商品时会让消费者等待。消费者等待的这段时间千万别浪费，可以利用一些巧妙的方法善加应用。

以汽车用品店贩卖轮胎来说，更换新旧轮胎时一定会让消费者等待一段时间。这时如果单单只是让消费者看电视或报纸打发时间，是好做法吗？应该不是吧。这段时间就是让特地到店里来的消费者，看一看轮胎以外商品的绝佳机会。举例来说，在消费者等待的地点，在其目光所及的地方，设置汽车卫星定位系统的试用区，想必可以引起不少消费者对这种商品的兴趣。

6. 定期更换

另外，还要注意的是，对于商品陈列来说，不管开始陈列得多好，如果时间太久了，消费者也会逐渐失去对它的感觉，留下一成不变的印象。所以商品陈列应该定期地更换（包括换商品、同样的商品更换地方等），以保持消费者的新鲜感和兴趣。

日本日伊高级百货商店，经过认真细致地市场调查后发现，到这个百货商店来的人80%是女顾客，男顾客多半是随着女顾客来的。而这些女顾客中，白天来的大部分是家庭主妇，而下午五点半以后来的大多数则是刚下班的年轻白领。针对这一情况，他们决定陈列商品要区别对待这两种女顾客，改变了原来商品陈列一成不变的方法，根据不同的时间更换不同的商品，以便迎合这两种女顾客的不同需求。白天，这个商店摆上家庭主妇关注的衣料、内衣、厨房用品、首饰等实用商品，一到五点半，就换上充满青年气息的商品，光是袜子就有十几种颜色，摆出年轻人喜欢的大胆款式的内衣、迷你裙等，凡是年轻人需要的商品应有尽有，而儿童用品等统统收起来。这一经营方式收效很大，3年多的时间，日伊高级百货商店的分店便遍布全日本，达102家。

可见，根据时间差异进行不同的商品陈列，也会收到意想不到的效果。

其实，商品陈列只有原则，没有标准。不同的商圈，不同的商品结构，甚至不同的经营目标，会产生不同的陈列模式。但只要是以服务于消费者需求为原则来进行的商品陈列，就可以激发消费者的购买欲，增加销售量。总而言之，商品陈列的目的就是用一切手段，勾起消费者的兴趣。聪明的销售人员要学会通过商品的陈列让消费者去发挥自己的想象，让他们想象买到这种商品后会发生的种种可能，比如亲人的一个吻、朋友的赞赏，或者是给以后的生活带来的变化等。当消费者被这种气氛所打动的时候，就会对你的商品产生浓厚的兴趣，这就是商品陈列营造特有气氛能够达到销售目的的奥秘所在。

热烈的氛围是一种变相的销售

生活中，许多场合都需要有一定气氛做衬托。比如在演出和演讲的现场，气氛就非常重要。气氛热烈，听众、观众爆满，才容易促成演出或演讲的成功。如果没有营造出比较热烈的气氛，显得冷清的话，无论你的演讲内容多么精彩，恐怕也会成为失败的演讲，不能达到很好的宣传效果。再比如，有的商人请客或赴约，总喜欢带一个漂亮的女助手前往，就是为了依靠女人的美丽与温柔，给交际场增添一点情趣，营造一种融洽的氛围。

销售时也是一样，例如门店开张时总要挂满彩旗，摆满有关单位和亲朋好友、捧场人所赠的花篮（其中许多是自己买或租的，写上别人的名字以显气派），门口站满花枝招展、披着缎带的迎宾小姐；有的地方还允许放礼炮，在声、色上造气氛。这样做的目的，除了为表达自己的某种心情外，更多的是为了引人注目，吸引消费者，起到一种变相的广告宣传的作用。

1. **制造交际氛围**

一群志趣相投的人们在交谈、嬉笑，度过愉快的时光，而派对的主人给每个人的酒杯加上一口酒，再把他们的注意力转移到自己销售的产品上来……销售时营造这样一种交际氛围，会使销售人员和消费者之间形成友好的氛围。消费者不会感觉他们在向一家公司买产品，却感觉像是向某人购买他们喜欢的东西，或者是邻居或朋友请他们买的东西。

美国的一家玻璃器皿公司放弃了零售商店，而是采用家庭聚会的方式直销。聚会的主人召集了一些朋友，满面春风地与大家聊天，为大家端茶送水，然后不失时机地要求大家购买产品。结果使其每天的销售量超过了250万美元！

有时候就是这样，友谊造成的压力，比人们对产品本身的喜爱效力更高，使人们觉得非买不可。这家公司的成功，正是因为很好地营造了交际的销售氛围。尽管大家都知道：从卖掉的每一件东西里主人都可以分得一定的利润，但是在聚会的环境下，大家因为与主人的友谊和温馨的气氛，滋生出温情、安全感和责任心，并产生了对产品的好感，从而心甘情愿地买了不少。

2. **打造艺术氛围**

消费者在挑选商品时，也会特别注重追求欣赏性和艺术性。销售人员对销售环境进行艺术装饰，满足了消费者艺术欣赏和精神享受的双重目的，那么，消费者也一定会满足销售人员的营销目的。

“302”是日本一家专门生产小商品的企业，与日本的大企业相比，并非有名，但它的小商品却在国内外影响很大，其触角已伸向书刊、电影、饮食等行业。该企业之所以成功的一个重要原因是善于营造艺术氛围，“让人们在欢乐的气氛中购物”。为此，逐步投资改造其零售商店和专营商店的购物环境。如1989年改建的“船木齐商店”就令人耳目一新，整个建筑似一座古城堡，一进剧场式的狭长入口，童话般的世界立即展现在顾客眼前，令人心驰神往，一睹为快。这里除了琳琅满目的小商品外，还有剧场和儿童游艺场，每天前来游玩、购物的顾客成千上万，商店销售额比改建前增加了3倍。

3. 营造热销氛围

大部分消费者都有一个特性：相信大众的眼光，大家都争相抢购的，就一定是最好的。因此，在销售过程中，也可以充分运用这种从众心理，营造出热销的氛围来吸引消费者的注意力，促进销售。

例如，有这样一家饭店，刚开业的时候，由于没有什么名气，加之消费者对其又不了解，所以，很长一段时间内，都是服务员比顾客多，让老板很发愁。有一天，老板忽然想到了一个好主意，他给自己的朋友打电话，请他们来吃饭，条件就是必须开着车来，没有车就是借也要开着车来，车的档次越高越好。朋友们也不知道是怎么回事，既然是请客，那就来吧。就这样，晚上的时候，这家饭店的门口摆满了各种高档的小汽车。没过多长时间，人们惊奇地发现，这家饭店的生意忽然之间火爆了起来，每天都顾客盈门，车水马龙的，吃个饭还要排队，等上老半天。

可见，销售人员要想把销售做得更好，首先要在消费环境中营造出热闹的气氛，刚开始哪怕是假象，也要制造得好像很多消费者都认可自己的品牌，都来了解和购买店铺的产品，从而让更多的人都跟着来店里了解产品，认可品牌和实现购买。有了火热的人气，还怕你的产品卖不出去吗？

其实，消费者的购买行为，70% 以上的决定都是在购物环境里面做出的，冲动性消费占了很大一部分。良好的购物气氛，对销售有着非凡的贡献和巨大的意义。因此，关于销售氛围的营造和提升，绝非小事，是值得每一位销售人员花大力气研究和学习的。

用环境的威慑来影响顾客

在销售中，光靠销售人员苦口婆心地劝说，有时候并不能起到太大的作用，善于借助环境的威慑力，则可以给自己增添气势。因为环境给人带来的不只是舒适、惬意和随性，更多的时候，也是一种警示，一种劝阻，一种威慑，会对人们的行为产生某种约束。如果销售人员可以用这种不可违背、具有威慑力的氛围作用于消费者，就可以帮助自己有效地推销产品。

例如，世界上最伟大的推销员乔·吉拉德在他办公室的墙上挂满了他荣获的各种奖章，还有一些登着自己事迹的报纸、杂志、文章以及和某些重要人士合拍的照片。这些“广告”，有力地给他自己以及他的产品做了最好的证明，无形中对消费者产生了一种作用力，迫使其承认、信赖，甚至顺从和拜服，这使乔·吉拉德总是能十分顺利地推销出自己的产品。

这其实就是利用了环境的威慑力。当然，销售人员在利用环境的威慑力时，也要讲究技巧，如果让消费者感受到你在逼迫他消费时，就肯定收不到你预想的结果了。

1. 利用物品

我们都知道，记者是职业的观察家，他们会记录下观察到的一切。但你千万不要以为其他人就没有观察，或者观察得不够仔细。事实上，在任何时间和地点，人们都睁大着眼睛，仔细打量着别人身边的大大小小的物品，将每一个细节摄入眼中。人们会根据这些物品所释放的信号，建立起或者进一步丰富对它们主人的印象。

如果你是一个聪明的销售人员，很多东西都是你可以利用的道具，让它们为你的销售加分，为你的商品助威。

邓林是一家商店里某品牌手表的销售员。每次有顾客光临的时候，他都会绘声绘色地描述手表的质量如何优质，性能如何良好，但是由于产品价格很高，很少有顾客购买。虽然邓林口才很好，把手表的功能说得神乎其神，但是顾客反而更加怀疑，最多也只是看看，真正购买的没有几个。

一个月过去了，邓林仅仅卖出一块手表。这样下去可不是办法，邓林通过分析觉得，顾客之所以不敢购买他的手表，最主要的就是不相信商品的质量。那么，如何才能证明自己的商品的质量呢？他想出了一个办法。

第二天，邓林买了一个鱼缸摆在自己的柜台上，并把两只手表放进了鱼缸里。很快就吸引了很多顾客过来围观。这时，邓林又开始讲自己销售的手表的防水防震功能，并把手表从水里捞出来让顾客传看，果然不怕水；接着他在把手表递给顾客传看的时候，故意没有抓牢，使表掉在地上。顾客吓了一跳，赶紧捡起来，看了看，还好没有摔坏。当顾客把手表还给邓林的时候，邓林居然又使劲儿地把手表摔在地上，但捡起来后，手表依然没有任何损伤。这下，顾客都相信手表的质量了，而此时，邓林又拿出手表的质量证书以及专家的推荐，并声明现在是推广期，限量销售，买晚了就买不到了。结果可想而知，顾客开始纷纷抢购他的手表。

邓林之所以取得了成功，就是利用鱼缸制造了这样一种环境和氛围，使顾客产生很大的好奇心和信赖感，并促使他们立刻行动，进行购买。

因此，如果你是一名销售人员，也要善于利用环境，尤其是当消费者对产品的质量和信誉表示怀疑时，你就可以通过一些物品制造出有力的证据，来说明自身的实力，也给消费者造成一定的威慑和压力，让他们尽快做出购买决定。

2. **利用语言**

“这可是最后一件衣服了”“昨天威尔先生都出价 500 美元呢”……这种对消费者的“语言威胁”，无形中制造了一种紧张的环境和氛围，而这就有助于促使消费者早做决定。在销售中，当你的客户“攻”不下来的时候，你可以适当地采取这种“威胁”的战略。

查尔斯在一家生产烹调设备的公司做推销员。一次，有个城镇正在举行大型的集会，查尔斯知道消息后马上赶了过去。

在集会场所，查尔斯展示了一套价格为 490 美元的烹调器，并强调它能节省燃料费用，他还把烹好的食品散发给人们，免费请大家品尝。这时，有位看客一边吃着食品，一边咂咂嘴说：“味道不错，不过，我对你说，你这设备再好，我也不会买的。500 美元买一套锅，真是天大的笑话！”

此话一出，周围顿时响起一片哄笑声。查尔斯抬眼看看说话人，这人他认识，是当地一位有名的守财奴。

查尔斯想了想，就从身上掏出一张 1 美元，把它撕碎扔掉，问守财奴：“你心疼不心疼？”守财奴吃了一惊，但马上就镇定自若地说：“我不心疼，你撕的是你的钱，如果你愿意，你尽管撕吧！”查尔斯笑了笑，说：“我撕的不是我的钱，而是你的钱。”守财奴一听，惊讶不已：“这怎么是我的钱？”查尔斯说：“你结婚 20 多年了，对吧？”“是的，不多不少 23 年。”守财奴说。查尔斯说：“不说 23 年，就算 20 年吧。一年 365 天，按 360 天计，使用这个现代烹调设备烧煮食物，一天可节省 1 美元，360 天就能节省 360 美元。这就是说，在过去的 20 年内，你没使用此烹调器就浪费了 7200 美元，不就等于白白撕掉了 7200 美元吗？”接着，查尔斯盯着守财奴的眼睛，一字一顿地说：“难道今后 20 年，你还要继续再撕掉 7200 美元吗？”

最后，反倒是这位口口声声地说这套烹调设备贵的人第一个掏出钱来买走了一套。

可见，面对那些对价格比较挑剔，又不能做购买决定的消费者时，你就要学会用语音来制造一种“威胁环境”，迫使他们早做决定。

不过，不管是哪种方式，要想达到用环境的威慑来影响消费者的效果，就要掌握一定的分寸。在你的“威慑”获得一定成功的时候，你也要学会让步，因为消费者还不能做决定，那么他就是想你再退一步，那何不满足他的要求呢？让消费者觉得他的坚持是值得的，因此他也会有一种成就感。

“私人空间”成交法

心理学中有一个“刺猬法则”，它来源于西方的一则寓言，说的是在一个寒冷的冬天，两只刺猬被冻得浑身发抖，为了取暖，它们只好紧紧地靠在一起，而相互靠拢后，又因为忍受不了彼此身上的长刺，很快又各自分开了。可天气实在太冷了，它们又靠在一起取暖。然而，靠在一起时的刺痛使它们不得不再度分开。挨得太近，身上会被刺痛；离得太远，又冻得难受。就这样反反复复地分了又聚，聚了又分，不断地在受冻与挨刺之间挣扎。最后，刺猬们终于找到了一个适中的距离，既可以相互取暖，又不至于被彼此刺伤。

这强调的就是人际交往中的“私人空间”。任何一个人，都需要在自己的周围有一个能自己掌控的自我空间，没有人能容忍他人闯入自己的空间，即使最亲密的两个人之间也是一样。这个空间就像一个充满了气的气球一样，如果两个气球靠得太近，互相挤压，最后的结果必然是爆炸。

“私人空间”成交法就是建立在“刺猬法则”基础上的，其实质是尊重消费者私人空间不可侵犯的普遍心理，随时注意与消费者保持距离，给消费者创造一种轻松、愉快而又亲切的环境，为下一步的销售工作埋下伏笔。而且，这个私人空间，既包括物理空间，也包括心理空间。

不过，对于销售人员来说，这个尺度的拿捏可是个“精细活”：离消费者太近，他们必然会产生压抑的心理；离消费者太远，又无法和他们亲密地交流。

1. **从物理空间来说**

无论坐在你对面的消费者是同性还是异性，你都需要与之保持身体上的一段“安全距离”，与不熟悉的消费者保持1米以上的距离，是比较合适的。

副经理刚送走某公司的销售员，笑容立刻消失了，转身对总经理摇摇头。

副经理：“这家公司不行，规模一定不大，一看就没有大公司的样子。”

总经理：“何以见得？”

副经理：“刚才那名销售员一直把身体贴得很近跟我说话，我都看见他的头皮屑了。张口闭口‘咱们咱们’的，还没怎么样就要请我们吃饭，套近乎也不是这么个套法。”

总经理：“嗯，有道理。”

就算你不介意自己的头皮屑被看到，别人还介意你身上的“跳蚤”跳过去呢！所以销售人员一定要把握好与消费者的距离，给消费者充裕的私人空间。

如果是在消费者的办公区域内拜访，消费者的办公桌范围就是安全距离界限。不要四处张望，不要随意走动，更不要偷窥消费者的电脑屏幕与文件夹，当然，也不要冒失地拿起桌上的小摆设，这些都是不礼貌的行为。

2. 从心理空间来说

与消费者谈话的过程中，避免谈论私密问题，也属于私人空间成交法中不可缺少的一部分。即使有时候，有些话题是消费者发起的，你同样也要注意不能随意议论别人的“软肋”，因为你们毕竟不是发小知己，只是工作关系，且涉及很多利益问题，靠得太近，只会激起对方的防范心理。

销售员小贺特别擅长与客户打交道，同时也很注意分寸，许多客户都很喜欢他。

客户：“最近心情很糟糕。”

小贺：“黄总，怎么了？能让我帮您分担一下吗？”

客户：“我老婆太任性了，最近没事找事跟我吵架。我整天在外奔波，不都为了这个家吗？你给我评评理。”

小贺笑了笑，没有说话。客户看着小贺的反应，也感觉说多了。

小贺：“黄总，我们喝茶。”

客户：“好，喝茶。”

两个人又聊起别的话题。

客户们都喜欢小贺的原因，可能就在于他明白什么话题自己可以发言，什么话题自己要规避，坚决不介入客户的小世界。这也是销售人员最聪明的做法。

其实，跟消费者聊私事也可以作为辅助手段，和他们聊些轻松的话题，增进一下友谊，也无可厚非。但是，作为一个销售人员，你要切记，聊工作内容才是你要做的正经事。当消费者和你谈到私密的事情时，比较明智的做法就是巧妙地转换话题。你知道的事情越多，跟消费者的关系越复杂，就越不好处理。

总之，“私人空间”成交法，关键在于“度”的把握。而度在哪里，有时也会因人而异。善于揣摩消费者心理的销售高手，可以轻易地让消费者保留适当的私人空间，又在消费者身上开辟出一块大大的工作区域。只有反复练习、思考、总结，才能悟出其中的奥妙，提高以后销售的成交率。

掌握地盘中的小秘密

古巴导弹危机期间，美苏剑拔弩张，为了打开这种僵局，肯尼迪与赫鲁晓夫曾召开了一次高层会议。为了决定会议地点，双方曾互不相让地争执了一段时间，最后采取了折衷方法，决定在中立国奥地利的维也纳召开会议。

他们为什么要这么重视开会地点呢?

其实，这就是关于“地盘”的秘密。

我们知道，动物都有“地盘心理”，实际上，人也是一种有“领域感”的生灵，每个人自身能量的释放与才华的发挥都是同他所处的环境息息相关的。因此，对于销售人员来说，善于利用地盘中的小秘密也是增加成交概率的一个重要方面。根据具体的情况，合理安排谈判地点，尽可能地降低消费者的防御心理，就会使成交不再那么困难。

1. **在自己的地盘**

众所周知，每个人在自己所熟悉的地方都会比较随意、放松，而到了别人的“地盘”，多少都会有点浑身不自在、束手束脚的感觉。这个“规律”对于消费者而言，自然不会例外。所以，如果你想向消费者更好地展示你的产品，或者你的消费者不是很信任你，你不妨主动请他们到你的“地盘”参观考察，让消费者更多地了解你的产品和公司，这样你才能更自如、更完美地展现商品与销售技巧。

杨洋是一家机械设备公司的销售员，他想把自己公司的一批机械设备卖给另一家公司，所以多次到该公司去谈判，可那家公司的负责人始终不太信任他们公司的设备，所以，一直没有给出明确的答案。正在杨洋为此事发愁时，销售经理给他出了个主意，请客户来他们公司参观指导。杨洋听从了经理的建议，再一次与客户预约谈判，不同的是这次谈判的地点换成了杨洋的公司。那天，杨洋并没有急于劝说客户签单，而是亲自带客户观看了他们公司设备制作的整个过程。中午吃饭的时候也没有提及订单的事情，只是在客户临走时，询问客户：“您现在觉得我们的产品怎么样？还有哪里不满意的吗？”客户回答：“没有了，我们现在就可以签约了。”

就这样，杨洋转换了一下思路，将客户请到了他们公司，使其“身临其境”，从而消除了客户的疑虑，促成了这笔交易。

当然，即使在你的“地盘”上，你也不能自以为了不起。无论什么时候，你都要做到，友好礼貌地接待客户，维护自己在客户心中的形象。例如，到了吃饭的时间，不管你与客户的生意是否谈成了，都要热情地邀请客户一起用餐。因为“生意不成情意在”，即使你们现在没有达成共识，不代表以后不会有合作。现在做成朋友，以后做生意就轻松多了。

2. **在对方的地盘**

既然每个人都希望在自己熟悉的环境中谈判，那么，你到客户的单位去谈判也会是家常便饭。所以，你不仅要在自己的"地盘"上做好准备工作，在客户的"地盘"上也要能够应付自如。当销售员到了客户的"主场"时，应该怎么做呢？首先你要做的就是仔细观察，通过观察了解客户的各方面信息，比如他的态度、他的同事，甚至是他们公司的管理机构。你了解得越细致意味着你谈判成功的概率就越大。

李林是一名电脑销售员，为了说服一家公司的经理购买电脑，他多次邀请该经理来他们公司参观，经理都拒绝了。李林反思了很久，觉得可能是客户担心到了自己的地盘上，多少会有束缚感，要是不买自己的产品会不好意思。于是，李林改变了策略。

李林给经理打了个电话，还没等他开口，经理又以没有时间为由，说不能到公司去参观。李林笑着说："是这样，为了不浪费您的时间，我这次打算到您公司拜访您，只需要耽误您一个小时。"

获得了同意，李林又在拜访前做了一番工作，以防自己出错。最后，李林拿到了这个大订单。

李林深刻地反思了客户多次拒绝的原因，改变了策略，将地点选在了客户的"地盘"，这才顺利达成了交易。可见，销售人员在与消费者进行沟通的时候，也一定要注意地方对消费者的影响，不要因为粗心而丢了生意。

3. **在第三方地盘**

除了"主场""客场"外，销售人员还可以借助第三方地盘来促成交易。例如，可以选择咖啡厅或者茶馆谈事情。

莎莎是一名化妆品销售员，在与化妆品店老板的几次电话交谈后，终于约定见面会谈。莎莎特意将会面的地点选在了一家咖啡厅。这天，她提前十分钟来到了约定地点。当她看到一位女士走过来时，热情地迎了上去……就这样，她们边喝咖啡边聊。最后，客户离开时，跟莎莎签了订单。

莎莎能够这么快与客户签单，地点是一个不可忽视的因素。试想，在这个轻松舒适的环境中，边聊天边谈生意，自然会使客户心情愉快，成交的成功率也就自然提高了。

此外，饭店也是一个好地方，同样可以帮助我们缓解尖锐的销售难题。很多时候，对于很多棘手的销售问题，在酒桌上，也许碰几杯酒，事情就能迎刃而解。酒精的力量在人际关系中有着超乎寻常的作用。

总之，双方见面地点的选择往往涉及很多心理方面的因素。在销售中，不同的商谈地点，不同的洽谈环境，谈判的结果自然也会不同。因此，作为销售人员，一定不要忽视成交地点的作用。并且，还要抓住消费者的心理，以不同的气氛为消费者做好渲染，让他们随时都围绕你的想法转，从而达到你预想的目的。

带着工具做推销

西班牙作家塞万提斯曾经说过：“要预先警觉、预先武装好；充分的准备是成功的一半。”作为销售人员，在与消费者交谈前的准备工作决定了销售人员接下去的行动是否能够顺利地进行。

这里的准备工作，除了仪表整洁之外，还包括一项重要的内容，那就是你要准备好相关的销售工具。因为，精心准备好销售工具，既能让顾客感受到推销人员的诚意，又可以帮助推销人员树立良好的形象，形成友好、和谐、宽松的洽谈气氛，有利于推销工作更加顺利地开展。金牌推销员乔·吉拉德就曾指着自己随身携带的工具箱说：“如果让我说出我发展生意的最好办法，那么，我这个工具箱里的东西可能不会让你吃惊，我会随时为销售做好各种准备工作。”

因此，精心准备那些在销售过程中可能需要的所有销售工具吧，这无疑将为你的成功销售打下良好的基础。而对于究竟要选择什么样的工具，这还要根据消费者需要来决定。但作为一名销售人员，以下的几样工具是必备的：

1. **名片**

名片不仅是推销商品的工具，也是业务员自我推销的工具。号称“推销之神”的原一平曾说：“如果只让我选择一种促销工具来做生意，那我的日子肯定不好过，因为所有的工具都是必要的。但如果一定要我选择的话，我会选择名片。”

其实，大凡成功的销售人员，都会在自己的名片上下一番工夫。

日本有位寿险推销人S先生，在名片上印着一串数字——76650。顾客接到他的名片时，总是好奇地问：“这个数字代表什么呀？”

他就反问对方：“您一生中吃几顿饭？”

几乎没有一个顾客能答出来。

S先生便接着说：“76650顿饭嘛！按日本人的平均寿命计算，你还剩下19年的饭，即20850顿……”

如此方式，让准客户既感到新奇，又感到生命紧迫，话题自然而然会引述到寿险的意义上，沟通便在这种引人深思却又不失好奇的氛围中展开。

2. **手表**

一块性能必须良好的手表，不仅仅是提醒你约见客户时必须守时，更重要的目的是想告诉推销人员，在与客户沟通的过程中，一定要注意沟通时间的把握，要学会对时间进行最有效的管理。同时，也避免引起消费者的反感。

一次，小毛在拜访客户的时候，发现客户对他们的装潢公司疑虑重重。尽管他已经对客户的问题进行了多次很周全的解释，可是客户仍然没有下定决心签单。小毛看了看手表，他来到这里已经接近一个半钟头了，于是他决定速战速决。他对客户说："我先告辞了，因为我需要准备合同下午和××公司商谈细节。"客户或许正在想办法摆脱小毛，他立刻与小毛握手准备告别。

这时，小毛补充道："有一件事我忘了说，其实我们公司与任何一家客户合作都冒着极大的风险，因为如果我们不能达到你们要求的水准，我们公司几十年来建立的形象可能马上就会坍塌，而且你们还可以根据合同条款向我们提出相应的赔偿。"小毛的这句话戳中了客户疑虑的核心问题，客户当即表示希望小毛能坐下来继续谈。小毛再次看了一眼手表，他表示自己只有半个小时的时间了。这点时间除了签合同之外，显然不能再讨论其他更多的细节了，其实那些细节问题他们已经在前面的一个半钟头里谈过了，所以最终小毛拿到了这笔高达780万美元的订单。

可见，准备一块性能良好的手表，既可以帮你树立起时间管理的意识，也可以让消费者感觉到你守时、惜时的好习惯，更可以在关键时刻帮你一把。

3. **道具**

在推销产品时，如果能根据具体情况适当地运用灵活有效的销售道具，不仅会大大增强推销效果，甚至还能收到意想不到的效果。

对此，CPB公司总裁柯林顿·比洛普就深有体会，他用自己的亲身经历告诉我们："做推销拜访时带着道具，是一种吸引潜在顾客目光的有效方式。"

柯林顿在二十几岁的时候便拥有了一家小型的广告与公关公司。为了多赚一点钱，他同时也为康涅狄格州西哈福市的商会推销会员证。

在一次特别的拜会中，他会晤了一家小布店的老板。这位工作勤奋的小老板是土耳其的第一代移民，他的店铺离那条分隔哈福市与西哈福市的街道只有几步路的距离。

"你听着，年轻人。"他以浓重的口音对柯林顿说道，"西哈福市商会甚至不知道有我这个人。我的店在商业区的边缘地带，没有人会在乎我。"

"不，先生，"柯林顿继续说服他，"你是相当重要的企业人士，我们当然在乎你。"

"我不相信，"他坚持己见，"如果你能够提出一丁点儿证据反驳我对西哈福市商会所下的结论，那么我就加入你们的商会。"

柯林顿注视着他说："先生，我非常乐意为你做这件事。"然后，他拿出了一个准备好的大信封。

柯林顿将这个大信封放在小布店老板的展台上，开始重复一遍先前与小老板讨论过的话题。在这期间，小布店老板的目光始终注视着那个信封袋，满腹狐疑，不知道里面到底是什么。

最后，小布店老板终于无法再忍受下去了，便开口问道："年轻人，那个信封里到底装了什么？"

柯林顿将手伸进信封，取出了一块大型的金属牌。商会早已做好了这块牌子，用于挂在每一个重要的十字路口上，以标示西哈福商业区的范围。柯林顿带着他来到窗口，说："这块牌子将挂在这个十字路口上，这样一来客人就会知道他们是在这个一流的西哈福区内购物。这便是商会让人们知道你在西哈福区内的方法。”

一抹苍白的笑容浮现在小布店老板的脸上。柯林顿说：“好了，现在我已经结束了我的讨价还价了，你也可以将支票簿拿出来结束我们这场交易了。”小布店老板便在支票上写下了商会会员的入会费。

可见，在拜访客户时准备适当的道具，确实是一种吸引客户关注的有效方式。不过，你要注意，任何道具的选择都不能偏离销售的主题。选择道具时一方面要考虑到其新奇性，另一方面也要让消费者能够接受。

此外，还包括一个整齐而内容丰富的公文包，一种尽可能便捷的沟通工具，一份包装精美而大方的资料说明……这些也都是必需的促销工具。总之，根据具体情况，销售人员在携带促销工具与消费者见面之前，一定要对工具进行仔细的检查，保证与消费者面谈时可以发挥它们的作用。

第五章

提供决策依据

科学的营销规律证明：消费者做购买决策时，往往是感情用事，然后在逻辑上将其合理化，以获得内心的安宁。也就是说，消费者买东西的时候，大多不用做什么判断的，感情占了大多数。所以，对于销售人员而言，与消费者之间建立起“非理性”的联系，让消费者的情感和冲动战胜理智，这正是销售成功的关键——这不是欺骗顾客，这是一种正常的营销手段。

做消费者的“领路人”

人的思维模式有一种倾向，就是容易跟着别人的思路走，特别是当别人说的话能打动自己的时候。

这是因为，人在思维上都是有惰性的，特别是较为轻松或相对疲倦的时刻。这时候人们总是“较为”放松，对外界的判断没有原先那么敏锐，也不能对当前的情况做出更合理的分析。这种心理特性带给销售人员的启示就是：你要学会引着消费者的思路走，这样才能引导消费者一步一步地走向自己想要的结果。

有甲乙两家卖粥的小店，店址紧挨在一起，每天的顾客也相差不多，然而晚上结算的时候，甲店比乙店多出百十元来，天天如此。

这是什么原因呢？原因就出在服务员身上，因为乙店的服务员在顾客进店坐定之后，就给顾客盛上一碗粥，并反问顾客“加不加鸡蛋？”要是顾客说“加”的时候，她就给顾客加一个。每进来一个顾客，服务员都要问一句：“加不加鸡蛋？”顾客有说加的，也有说不加的，大概各占一半。

可甲店的服务员就不一样，尽管同样是问顾客加不加蛋，但是甲店的服务员问的是“加一个鸡蛋，还是加两个鸡虽？”再进来一个顾客，服务员又问一句：“加一个鸡蛋还是加两个鸡蛋？”爱吃鸡蛋的就要求加两个，不爱吃的就要求加一个。这样下来，在甲店喝粥的顾客就得至少加一个鸡蛋，因为不管怎样节俭，相对于两个鸡蛋来说，一个鸡蛋还是少一点。

所以，一天下来，甲店就要比乙店多卖出很多个鸡蛋。这样它们的盈利也就不一样。

这就是甲店的营销策略，用话语来引导客户的思维，这样无形之中就为自己多赚了很多钱。如果你也懂得了这种技巧，那么业绩的提升也就不再是问题了。可问题是要怎样去引导客户的思维呢？

1. 让消费者多点头

科学研究表明，一个人在说了多个“是”之后，就很难说“不”了。

销售人员：“今天的天气真不错啊。”

顾客：“是啊。”

销售人员：“您住的小区的绿化搞得真好。”

顾客：“嗯，是的，住在这样的小区里，每天都能呼吸到新鲜的空气。”

销售人员：“您家阳台上的那盆花是您养的吧，真漂亮。”

顾客：“那是我在日本旅游时带回来的，没有想到这种花在中国也能长得这么好。”

销售人员：“日本还有这么漂亮的花，真让人羡慕。”

顾客：“是啊，在日本这种花不怎么贵，但是在国内，这种花就贵得吓人了，一盆这样的花要好几千呢。”

销售人员：“我是某保健品公司的销售人员，这里有一些保健品的宣传册，请您看一看。”

顾客：“是吗？”

顾客把销售人员递过来的宣传册拿在手里开始翻阅，此时销售人员又说：“我可以给您解释一下吗？”

“好的。”

销售要是到了这样的地步，那么成功的可能性就有了。这位销售人员之所以会问顾客那么多的问题，就是想利用顾客的惯性思维。因为顾客在说了多个“是”之后就具有了一种惯性思维，要让顾客在接下来的谈话中打破这种惯性思维就不是那么容易了，所以销售人员如果能利用好这种惯性思维，那么成功就在眼前。

2. 让消费者“二选一”

面对同一个问题，如果有太多的选择，往往会让人无从入手。销售人员让消费者“二择一”的原理就在于在推销过程中既要给顾客选择的权利，又要适当缩小选择的范围，以最大化降低顾客购买商品时的犹豫心态。

一位汽车销售员这样向客户推销：

“您喜欢三厢的汽车还是两厢的？”

“哦，我喜欢三厢的。”

“您喜欢自动档还是手动档？”

“我喜欢自动档的。”

“您喜欢白色、灰色还是红色？”

“我喜欢白色的。”

“你喜欢 1.4 升还是 1.6 升的？”

“1.6 升的。”

“您要天窗吗？”

“不要。”

“车窗玻璃要绿色、茶色还是灰色？”

“绿色的。”

“我们可以在 5 月 1 日，最晚 8 日交货。”

“5 月 1 日最好。”

在提出了这些客户不难做的小决定后，销售员递过订单，轻松地说：“好吧，先生，请在这儿签字，现在您的车可以投入生产了。”这样，他就在不知不觉中帮助客户做出了决定。

这个事例也是销售人员采用了“二择一”法则，在不知不觉中引导了消费者购买的手段。

另外，如果消费者和你高谈阔论，但是话题却不是你想谈的话题，那么你就要把消费者的话题转移到你的产品上来，这样才对你有利，要不然，你和他谈了半天，也还是不能把他这座堡垒攻下来。你可以采用这种话语：“您的话使我想到……”“听了您的话，让我想起……”这样，你就有意识地把消费者的话题转移到你想要交谈的话题上来了。

总之，对于销售人员来说，学会引导消费者的思维，这样对自己的销售，只有好处，没有坏处。因此，你要好好地把消费者的惯性思维利用起来，从而尽快地达成交易。

面带三分笑，生意跑不了

一家服装店里有多个导购，你是不是更愿意从微笑的导购手里买衣服？你是不是有时候会觉得，微笑的导购“引诱”你花了更多的钱？

其实这就是微笑在消费行为中的作用。

俗话说，“非笑莫开店”“面带三分笑，生意跑不了”。对于销售人员来说，至关重要的就是微笑服务。微笑，既是打开人与人之间关系坚冰的最佳手段，又是给人留下好印象的开始，销售工作中，只要你坚持微笑的表情，那么你的顾客肯定会接受你。

在一次大型的汽艇展示活动中，很多顾客都在参观汽艇模型。在这次展会中有一位异国的石油富翁对一艘大船表现出了很大的兴趣，他对那艘船的销售人员说："这艘船多少钱？"那位销售人员面对着这个很有实力的顾客，面无表情地告知了其价格。富翁虽然对这艘船很感兴趣，但是看着销售人员"平静"的脸，他悻悻地走开了。

当他走到下一艘展示船面前时，那里的销售人员脸上挂着灿烂的微笑向他打招呼，销售人员脸上一直保持的微笑使得富翁顿时轻松了许多，于是他再次问了一句："这艘船多少钱？"

销售人员仍然面带阳光般的微笑告知了顾客船的具体价格，并且说："请您先参观一下这艘船。"就这么简单，销售人员先用微笑打动了顾客，然后再推销自己的产品。石油富翁参观了游艇之后满意地签下了一张订购单，并且很开心地对销售人员说，他很喜欢别人时刻微笑的样子，因为别人向他微笑就表示他被人们所喜欢，而他也很享受这种感觉。

从这个案例中，你一定也看到了微笑的力量。

不过，微笑为什么会有这么大的"威力"呢？这是因为，微笑不仅仅是一种愉快心情的反映，也是和人内在品质中积极的价值相联系的。心理学家请人对照片上的人做评价。他选出的照片都是相貌平凡者，只是有的带微笑，有的则不带笑容。结果显示，面带微笑的照片会得到积极的评价。当你微笑时，别人会觉得你更可爱，更和善，更合群，并且更聪明。

所以，作为销售人员来说，你的微笑至关重要：它恰似扑面而来的春风，能拨动消费者的心弦，调节谈话的气氛，密切与消费者的关系；

它又婉如润物无声的细雨，能化解冷漠、疑虑和陌生感，获得消费者更多的理解和认同。因此，即使你的笑脸不那么迷人也不要紧，也请大胆地笑。

不过，仅仅知道需要微笑，这还不够，还要知道怎样微笑。

1. **真诚的微笑**

销售人员在消费者面前流露出自然而甜美的微笑，会给人一种亲近、友善、和悦的感觉。要想使微笑自然、真诚，就应掌握好分寸，既不能做作，也不应过分，发自内心的笑容才是自然的。要避免不适当的微笑，硬挤出来的笑还不如不笑。销售人员在微笑时，切忌出现一些不适当的表情，以免引起消费者的猜疑和不快，忌讳的表情如假笑、冷笑、怪笑、媚笑、窃笑等。

2. **热情的微笑**

有调查显示，在成功销售的案例中，95% 以上都是因为有热情的存在。销售人员在工作中要充满热情，这样你的工作就可以顺利地完成，同时也会取得骄人的业绩。相反，如果以低落的情绪应对工作，就会如同失水的蔬菜，毫无生机可言。其实，每个人都会遇到不顺心的事，心情也不会天天愉快，可是销售工作的服务性质，决定了销售人员不能随意释放自己的情绪。作为销售人员，你必须要学会控制自己的情绪，学会分解和淡化自己遇到的烦恼与不快，在工作中要时时刻刻保持一种轻松的情绪，一种热情的活力。

3. **宽容的微笑**

在服务消费者时，销售人员难免会遇到出言不逊、胡搅蛮缠的人，此时千万不可露出怒色，应用一种包容心去对待。拥有宽广的胸怀，工作中就不会患得患失，接待消费者也不会斤斤计较，就能永远保持一个好心境，微笑服务也是一件轻而易举的事情了。

4. **会意的微笑**

微笑服务更重要的是与顾客进行感情上的沟通。在感情上把顾客当成亲人、朋友，与他们同欢喜、共忧伤，成为顾客的知心人。销售人员要寻找与顾客的沟通点，用微笑来表达对他们的赞许、肯定、理解和感谢。

总之，当你把微笑作为一种武器时，就可以让所有对你心存戒备的消费者放下他们的武器。作为销售人员，请不要吝啬你的笑容，你要善于使用你的这一武器。笑脸相迎，即使理由不充分也会得到对方的好感。

他说你听，有时比你说他听更重要

众所周知，能言善辩是销售人员必备的基本技能之一，不过，有时说得太多太好就是错。一个自说自话的销售人员，往往会太以自我为中心，而忽略了消费者的心情和想法，不给消费者任何表达的机会。正因为销售人员的健谈，喧宾夺主，压制了消费者的表达欲望，必然引起消费者的反感和厌恶。因此，凡是销售人员自己在那滔滔不绝的推销，80%都不会成功。所以我们说，销售人员不仅要学会说，更要学会听。

也许有些销售人员会很奇怪，消费者是来买东西的，又不是来讲话的，他讲的话和产品有什么关系呢?

你要知道，消费者心理中有一项重要的内容，就是他们需要被关注。而只有当销售人员学会安静地聆听，听顾客说话，让顾客多表达自己的想法，这样才会让消费者感到受重视，满足表达自己的心理需求。同时，销售人员还可以从消费者的表达中，获得有用的信息，帮助自己了解消费者的心理，从而实现有效的沟通。

美国有一家汽车公司需要一批汽车垫，公司人员正在安排订购这批产品。由于这是一单很大的生意，获利的空间很大，因此很多生产厂家都希望得到这笔业务，竞争很激烈，但是最终有可能接下这笔订单的厂家只有三家。这三个厂家实力相当，提供的样品的质量也不相上下，汽车公司通知这三个厂家，约好时间到公司来开会以商讨细节问题。

三个厂家当然都明白这次会议的重要性，都在来之前做了充分的准备。其中一个厂家选派的代表哈里先生思维严谨，说话很有条理，举止气度不凡。

会议的当天，三个厂家的代表都准时到达汽车公司，与汽车公司的负责人进行了具体的沟通。在会议中，另外两家的代表为了给汽车公司留下一个良好的印象，发言积极，口若悬河，轮番介绍产品及服务特点，汽车公司的负责人听得连连点头，但就是没有表态。

轮到哈里发言时，他没有说一句话，只是向大家微微鞠了一躬，然后用纸片写了一句话："诸位，实在对不起，我突然得了喉炎，说话不方便，为了不影响大家，我已经准备好了贵公司所需要的关于我们厂产品的材料。如哪位能替我介绍一下，我将万分感谢。"写完之后把纸条交给了汽车公司的负责人。

负责人看完这张纸条后把它向众人读了一遍，随后一边仔细地看材料，一边向大家介绍哈里的产品和一些相关的资料。最终的结果是：哈里获胜了，他拿下了这单生意。因为负责人向大家介绍资料的时候，哈里适时地保持了沉默，负责人自己完全掌握了哈里产品的所有信息，而且哈里的资料把产品的利弊通通展示出来，让负责人一目了然，减少了信息整合的时间，这样既方便了负责人，也把负责人和哈里拉到了同一条战线上。这样特殊的服务项目，帮助哈里拿到了订单。

据一项权威的调查显示，在最优秀的销售人员中，有高达75%的人在心理测验中被定义成内向的人，他们行事低调、为人随和，能够以消费者为中心。他们十分愿意了解消费者的想法和感觉，喜欢坐下来听他们的谈话，他们对倾听的兴趣往往比自我表述更大，而这也正是哈里打败其他两个厂家，成功拿到订单的秘诀。可见，倾听是一个渴望成功的销售人员必须要掌握的技能。

倾听看似简单其实不然，做出色的销售人员必须掌握倾听的技巧。销售人员应该学会认真地听、很有兴致地听、积极迎合地听，听懂消费者的话，弄明白消费者的心理，这样才会有的放矢，找到消费者的心理突破口。

1. **认真地听**

在倾听的时候，销售人员要面向消费者，身体前倾，把目光集中在消费者的脸、嘴和眼睛上，让消费者感觉你会记住他所说的每一句话、每一个字。还可以不时地用“嗯”“哦”等回答向消费者表示你在认真听他说话，也可以适当发问或者对其谈话的内容进行重复，这样做会使你表现得足够诚恳，消费者内心就会得到满足，认为自己得到了关注，合作的机会就会变得很大。

2. **很有兴致地听**

倾听时，销售人员要对消费者的讲话表示出极大的兴趣。这不仅是对消费者的尊敬，还能够用你的“兴致勃勃”感染消费者，从而对你诉说更多，使彼此的谈话由表面的寒暄升级到真心的交流。而你也可以在听消费者谈他们的理想，谈他们的需求以及他们高兴或者不高兴的事情的过程中，把这些信息迅速整合，发掘出消费者没有表达出来的想法。给予补充或者采取一些补救措施，这样推销的效果会变得更好。

3. 积极迎合地听

倾听时，即使你对消费者的观点不赞成，也要尽力控制自己的情绪，不要激动，更不能发怒，也不要急于对消费者的观点和想法下结论，要等到消费者说完之后再发表自己的意见。并且努力找出你的产品或服务能带给消费者更多的好处，以此来说服他们。

另外，销售人员不仅要学会倾听，还应该会引导消费者说，鼓励消费者多说自己的事情，这才是倾听的真正秘诀所在。谈论消费者最感兴趣的话题是通往其内心的最佳捷径。

其实，我们每个人都希望得到别人的关注，或者说，每个人都希望自己所讲的话别人愿意去听、喜欢去听。消费者尤其如此。你的倾听，不仅会让消费者认为你受到他们所讲的话的吸引，而且也会为你自己赢得揣摩消费者心思的时间，这样对双方有益的事情，为什么不多做一些呢？

第一个“球”，一定要投好

在棒球比赛中，假如一个球员最开始投出个极为难打的低飞好球，那么，在整个比赛中，低飞球的印象就会一直留在击球手的脑海中，以至于每一次出手都想打出低飞球。也就是说，在比赛中，球员打出的第一个球决定着他在整个比赛中的表现。

而如果把这种“低飞球技巧”用在销售中，往往也能产生出人意料的效果。一个销售人员，就好比一个投球手，如果你可以在一开始与消费者进行交谈的时候，就给对方一个始料未及的好条件，从而引发消费者购买的意愿。随后，即使你更改条件，消费者往往也不会拒绝购买。

王进是一家建筑公司的业务员。他最近接手了一项非常大的工程项目的谈判工作，公司的谈判价格是8.6万元，而业主给出的价格是7.5万元。经过一段时间的谈判，业主提高到了8万元，但公司的价格底线却是8.4万元。这该怎么办呢？

这时候，王进站起来对谈判做了总结性发言，他说："好吧，我想谈判不应该就这么完了，我们在价格上都花了这么长时间了，并且我们的价格已经非常接近，双方都能接受，如果因为0.4万元的分歧使谈判破裂那将是我们双方的耻辱。"

对方显然心动了，最终，他们说："那我们折中怎么样？"

王进显得有些迟疑，说道："折中，什么意思？我要8.4万元，你给8万元，你说你会涨到8.2万元，我听见的是这个意思吗？"

"是的，"对方说，"如果你能降到8.2万元，我们就成交。"

王进又说："8.2万元听起来比8万元更合适一些，跟你说，我得同上级领导商量一下，看看他们的意见如何。我会告诉他们你给到了8.2万元，看看我们能不能成交。我明天给你回话。"

第二天王进对他们说："哦，我的老板态度强硬！我本来相信自己能让他们接受8.2万元的，但我昨天晚上花了两个小时——又过了一遍数据，他们坚持说如果比8.4万元少一分钱，我们就会亏本。但庆幸的是我们只有0.2万元的分歧。"

最终，这单生意以8.4万元的价格成交了。

"低飞球技巧"就是这么神奇！在现实生活中，这种情况也是经常发生的。消费者不满意销售人员开出的价格，经过一番砍价，销售人员终于

“勉为其难”地认输，接受了消费者所提的价格，不过销售人员要先向公司报告后才能最后签订合约。这时，消费者会非常高兴，在心里决定购买；而销售人员开始给公司打电话。谁知打完电话后，销售员会万般抱歉地对消费者说：“真是非常抱歉，我们经理说，那个价格真的不能卖。”此时，消费者如果要放弃购买，那么产生的心理落差是极大的，这会让消费者感到不快；而且由于消费者已经有了购买决定，如果不购买，必然会产生挫折感。为了不让自己陷入这些消极感觉中，大多数消费者都会做出让步，最后以销售员提出的价格购买产品。

因此，作为销售人员，你大可将这种技巧运用到自己与消费者的谈判中。先用一些手段比如“换季打折”“价格便宜”“最后三天”“不抢就没有了”等，勾起消费者的购买欲，然后再找一些合理的借口，改变条件，如提价、不送货上门等。而从销售人员手里得到“低飞球”的消费者，则往往会认为这样的机会千载难逢，也许会不惜做出一些让步，一般都不会拒绝购买产品。

值得注意的是，当消费者是女性的时候，这种方法的成功率更高一些；而当消费者是男性的时候，这种方法的作用往往不是很明显。因为，男性做抉择的时候倾向于理性，不容易受到情绪的干扰，他们更多的是考虑自己能否接受价格，性能是否符合自己的标准，款式是否是自己所喜爱的等客观问题。

总而言之，销售的成功，更多的是依赖于你能否操纵消费者的心，而非你是否具有说得天花乱坠的本事。想在销售中取得成功，就要善于体察人心，抓住消费者的心理，以此来开展销售工作。

“激将法”激发出购买欲望

在销售过程中，销售人员常常遇到一些“不慌不忙”的消费者，虽然他们对产品有需求，但就是犹豫不定，总想等等看。面对这些消费者，要想获得订单，销售人员不妨尝试利用消费者的好胜心、自尊心，采用激将法促使他们做出购买决定，迅速签单。

不过，激将法并不是适用于任何人的，在使用上，一定要根据不同的交谈对象，采用不同的刺激方法，才能收到满意的效果。正如世界级著名潜能大师安东尼·罗宾所说：“自尊心、虚荣心和好胜心，是激将法的绝佳伴侣。如果你的客户恰好对这些都不是那么敏感，那么很难起到激将的效果，甚至还有可能把一桩很有希望的生意逼进死胡同。”

那么，在具体的销售过程中，销售人员使用激将法来促进成交时应该注意什么呢？

1. 准确把握消费者的心理变化

激将法的使用，一定是建立在准确把握消费者心理变化的基础上的。要知道，唯有对自尊心、虚荣心和好胜心较强的消费者，才可能激发他们的购买欲望。

日本著名的寿险推销员原一平，在一次推销中采用了这种办法。他把目标锁定在了一个性格比较孤傲的客户身上。尽管他已经拜访这位客户三次了，但是客户却一直对他不理不睬。这一次，原一平实在是沉不住气了，于是便对客户说："您真是个大傻瓜！"客户一听急了："你说什么，你敢骂我？"原一平立刻笑着对客户说："您别生气，我只不过是和您开个玩笑而已，千万别当真。只是，我觉得有些奇怪，您比利华公司的老板更有钱，可事实表明他的身价却比您高得多。因为，他购买了 100 万日元的人寿保险。"不料，这位客户被原一平的话给激醒了，很快就做了个决定，购买 200 万日元的人寿保险。

可见，如果你激错了对象，不但很难起到"激将"的作用，甚至还有可能因激怒消费者而丢失一笔原本有希望的单子。一般而言，年纪轻的客户要比年纪大的客户容易激将，见识少的客户要比见识多的客户容易激将，越是讲究衣着打扮的、好争高比强的、地位较高、受人尊重的人越怕别人看不起，这样的人也容易被激将。在促成订单时，销售人员可以根据具体的客户对象，采用具体的方法去激将他们。

2. **绝不能说伤害客户自尊心的话**

虽然激将法会对促成交易起到很大的作用，但是它在使用时会直击消费者的自尊心。如果时机、语言、方式中有一点不对，或者显得过分，就会导致消费者的不满和愤怒。所以不要过多、过于强硬、过于苛刻地使用激将法，那只会让你和消费者的关系越来越僵。

有一名销售员和客户经过商定，一辆车以 2.5 万元成交，并且客户当天就交了 500 元的定金。第二天，客户不知道是什么原因，只带来了 2.4 万元，加上前一天的定金，还差 500 元。后来，这位客户一再向销售员解释说："家里有事，现在只能筹到这么多钱了。"这时销售员说："不会吧，像您这样的大老板，难道区区 500 元都拿不出来吗？别骗我了啊，我今天才算真正地领教了你们大老板的做事风范！"听了销售员的一席话，客户感到自己的自尊受到了挫伤，最终他不是像销售员所希望的那样，肯定会再拿出500元来，而是拒绝了此次交易。

我们必须知道，消费者始终是拥有成交的最后决定权的，即使我们采用激将法“逼迫”客户签单，最后促成了这笔交易，但客户却依然可以事后来退货。因此在我们以语言激客户购买时，一定要以不伤害其自尊心为前提，否则不但会丢失这笔交易，还有可能以后的交易也会丢失。

3. **要自然流露，不能夸大其词**

当我们在销售的过程中，采用激将法促成订单时，一定要注意自己的态度和表情，应该自然地流露出来，绝对不能为了达到效果而夸大其辞，否则便很容易让消费者看出来我们是在“激”他，进而产生逆反的心理，最终导致交易失败。

让我们看看阿里巴巴集团创始人马云的技巧。阿里巴巴每年都会邀请一些政界名流、文体明星、业界大腕来参加“西湖论剑”活动。2010年9月，马云把邀请的对象瞄准了一位重量级人物——好莱坞电影巨星、美国加利福尼亚州州长阿诺德·施瓦辛格。这天，两人见面，一阵寒暄后，马云说：“我的‘西湖论剑’活动马上就要开始了，去年我请来了克林顿和科比，今年我想到了您。您曾是世界健美冠军、好莱坞电影明星，后来又成为拥有亿万资产的成功商人，现在是美国的一位州长。可以说，您是一位成功的‘多面体’，一个人就代表了政治、文艺、体育、环保、商界等多个方面。因此说，我邀请您这样一个多才多艺的嘉宾就可以代替多个嘉宾，这就是我请您来‘论剑’的理由。”听了这番话，施瓦辛格非常高兴地接受了邀请。

激将成交法，其实是人们比较了解、接触得比较多的常用计谋。因此，在使用激将法时也容易被对方看穿。销售人员在利用这一方法时，不管是在语言还是表情上都要显得平静自然，才有成功的可能。

这里还需要再一次重申：要注意“激”的力度，千万不要过激！因为我们的真正目的是要说服。孟子说：“以力服人者，非心服也，力不赡也。以德服人者，中心悦而诚服也，如七十子之服孔子也。”所以激将也要用理使其激，然后再使其心服，这是推销术中永远的法则。

有对比才有销路

正如没有黑暗，就没有光明；没有苦，就没有甜；没有丑，就没有美……世界上任何事物都是在和其他事物的对比中存在的。形成了对比感，就有利于被感知事物的差异或共同点从背景中分离出来，从而使被感知者有效感知。商品也是一样。如果把一样商品与其他商品同时显现出来，进行比较，会使它们各自的特点更加突出。

一般来说，对比有横向对比、纵向对比、同类产品对比、不同类产品对比等几种方法。但无论哪种方法都是在传递同一个信息，那就是产品的优势。通过对比产品的性能、价格、服务等方面，来强调优势和特点，让消费者找到最满意、最适合的产品，从而加深消费者的购买欲。

总的来说，有以下几种对比：

1. **价值对比**

我们常说：“不怕不识货，就怕货比货。”很多时候，销售人员想要凸显自己产品的价值，会拿竞争对手的产品来做对比，利用对方的缺点，来凸显自身优点，也使消费者感受更加深刻。

价值对比的方法能突出产品的特点和优势，对于说服客户有很大的作用。

2. **价格对比**

很多人都有“便宜无好货，好货不便宜”的观念，因此明明是物美价廉的优质商品，由于你的价钱低得太离谱，买家就可能怀疑你这是劣质商品。所以一味地低价并不是高明的营销之道，尤其是对房子、汽车等一些价值含量高的商品来说。这时，就可以运用价格对比的方法，引导性、暗示性地用所谈的产品价格与同类产品价格作对比，从而让消费者明显感觉物有所值。

小春是一位房地产推销员，一直以来，她都是公司里的推销好手，业绩总是稳居第一。她有什么秘诀使自己成为了公司里的销售精英呢？

一次，一位客户来看房。在小春的介绍下，客户看中了其中的一套房子，看起来客户对那套房子各个方面都比较满意，但当小春给房子开价120万元的时候，客户就皱眉头了。

“我昨天在另一家公司看的房子和这套房子差不多，但是人家只要100万元，为什么你们的房子贵了这么多呢？”

“那怎么可能？这么说，你能给多少钱呢？”

“就110万元吧，让你们也不吃亏。”

“行，110万就110万元，但是不是这套房子，而是对面的那一套。”于是小春把客户带到了她所说的房子里，这套房子和刚才的那套房子比起来，简直一个在天上，一个在地上。不管是宽敞程度还是采光程度，都比不上刚才的那套。

“这套房子就只要110万元了，很适合你的价格。”看着客户满脸的疑感，小春说道。

“这套房子和刚才的相比，相差太远了。刚才的那套房子你到底还能少多少呢？”

这时候，小春知道有戏了。最后房子以115万元的价格卖给了客户。

在销售当中，坚持“一分钱，一分货”“物有所值”的销售理念，会帮助销售人员更成功地获得较高较理想的销售价位。小春之所以在她的推销生涯中能取得好的成绩，和她的推销能力有莫大的关系，但是她又是能充分利用对比认知原理的推销高手。因此，只要利用好消费者的这一种心理，要使销售出业绩也不是一件很难的事情。

不过，销售人员在运用对比法来推销产品时，还要特别注意一点，那就是言辞表达要温和。尽管你在言辞与行为上强烈地不认同对方的价格，但在表达方式上却必须要让消费者感觉到，你所不赞成的只是他的价格，而不是在否定他的人。如果在表达方式上有所不当，甚至伤了对方自尊心的话，不但做不成买卖，还无形中得罪了人，这是运用此法的大忌。

坚持到底 vs 一退再退

不管什么商品，也不管你的价格定为多少，总会有一些消费者在做购买决策时犹豫不决，“我再考虑考虑”“我再问问别人”“我回去再想一下”……就是不能下定决心。

说实话，与这样的消费者打交道是一件非常困难的事情，很多时候你会被他们的挑剔弄得不知所措。这时，千万不能大意，否则就很容易失去消费者的信任，甚至还会引起消费者的厌烦。你需要通过消费者的种种表现，自信地对他们做一番深入的分析，把握住他们的心理，从而采取适当的对策来俘获消费者的心。

那么，在销售中，当销售人员碰到了这种迟迟不做购买决定的客户时，到底该怎么办呢？是坚持到底还是一退再退？

其实这两种方法并不冲突。只要你掌握其中的技巧，不管是坚持到底还是一退再退，都可以让你实现销售目的。

1. 在坚持中夹着“威胁”

有些消费者对于产品的挑剔简直让人无法想象，有时候，销售人员再能说，再会说，他们还是无动于衷。面对这种消费者，我们必须改变策略，学会适时地“威胁”他们，给一个“假如您不买我们的产品，您将受损失”的暗示，有助于打动消费者的心，这样你才能使消费者下决定签单。

王允在一家保健器材做销售，他今天要去见客户马总。

和马总寒喧过后，王允向马总介绍了自己销售的保健器材。马总说：“小伙子，目前我还没有这方面的需要啊，如果需要的话，我一定会给你打电话，对了，你的电话是多少来着？”王允知道马总下逐客令了。

王允赶紧说了自己的电话，然后接着说：“听说您的母亲就要过70大寿了，就伯母这身体再活70年也没问题！”马总叹道：“哎，虽然平时保养得一直很好，可毕竟年龄大了，身体一天不如一天了呀。”王允说：“老年人保养是没错，但还要经常做些运动，一来能增强身体的抵抗力，二来还可以保持一个好心情。”马总说：“以前也经常锻炼身体，可今年不行了，她觉得太累，再说我也怕出什么问题。可愁坏我了。”王允接着说：“我们公司的这套健身器材正好可以帮您解决这个难题。”接下来，王允把保健器材的所有好处都说了个遍。

当看到马总已经流露出了购买意愿后，他说："您想想，要是您不能在母亲 70 大寿的时候送她一件有意义的礼物，伯母一定会感到很失望。我们的保健器材绝对能让她老人家感受到您的孝心，每次看到它，老人家都会想起自己这个值得纪念的生日。其实啊，这种保健器材销售部只剩下三台了，您现在要是不买，等您想买的时候恐怕就没了，只能等公司总部发货了。错过了您母亲的大寿，那实在是太遗憾了！""好吧，你现在就回公司，帮我把这套健身器材送到我办公室，我还想给我母亲一个惊喜呢。"马总迫不及待地打断了王允的话。

可见，销售人员如果在坚持的过程当中适当运用"威胁"的策略，往往会促使对方做出促成生意成交的方案，那样反而对谈判更为有利。

不过，这样的"威胁"只是销售人员在对消费者的需求经过认真分析的基础上，通过善意的提醒，增强消费者的购买欲望，缩短消费者考虑的时间的一种策略。因此，在与消费者进行沟通时，销售人员必须保证自己的暗示是客观的、实际的，绝不可以用谎言来欺骗消费者。销售人员要基于对消费者的尊重和关心有技巧地进行说服，使消费者坚定购买产品或服务的决心。另外还要切记：谈判的本质就是总要让对方感觉是他们赢了，因为毕竟没有人会喜欢被人胁迫的感觉。

2. 在退让时利用"互惠"

在销售实践中，采取退让形式，比起那种直截了当的方法往往更能达到预期的效果。

不过，绝不是毫无原则的一退再退，对于销售人员而言，如果你想要别人答应你的某种请求，你可以先提一个比较大的、难以做到、对方有可能拒绝的请求，然后在对方拒绝之后，再把你真正的请求提出来，这样就相当于你向对方做出了让步，而对方则有义务也对你做出相应的让步。因此，在互惠心理的影响下，你的请求是很容易被对方接受和应允的。如果没有之前的退让，而直接提出来，则遭受拒绝的可能性是非常大的。

某家电公司派两名推销员去上门推销一种价格昂贵的电视机，结果推销员A失败而归，一台也没有卖出去，而推销员B则成功卖出10台电视机。为什么会出现这么大的差距呢？

推销员A可以说为了实现销售，使尽了浑身解数，凭借自己的三寸不烂之舌，说服顾客购买自己的商品，但是绝大多数顾客都因为价格太高而婉言拒绝，有的顾客说考虑考虑，也只是为了敷衍，而不是真心想购买，因此，推销员A没有成功卖出一台电视机。

而推销员B知道销售这样的商品很难，必须采取一定的策略。因此，他在上门拜访顾客的时候，先向顾客介绍的是另外一款更加高档和昂贵的电视机，等顾客拒绝以后，他才说出自己真正要销售的这种电视机，并说："既然您觉得那一款太过昂贵，我们还有一款电视机在功能上也很先进，但是价格会便宜很多，您是否可以考虑一下？"就是在这样的拒绝、退让之中，顾客觉得对方已经做出了让步，自己也不好再拒绝接下来的请求，于是不少顾客都同意了购买其产品。推销员B利用互惠心理，主动做出让步，从而诱使顾客也对自己做出让步和牺牲，最终和自己达成交易。

可见，这种先大后小、先难后易的推销方式，确实能够起到意想不到的效果。尤其是当你没有东西馈赠给对方或者你的过分要求没有得到应允时，主动让步更容易实现销售的目的。因为，当你做出让步之后，就会给对方造成一定的压力，似乎告诉对方：我已经不再坚持我的要求，已经对你做出了让步，难道你就不能也做些让步吗？结果当然是对方也做出一定的牺牲，促成了交易。这样，在相互妥协之中，先主动做出退让的一方则会占据一定的优势，迫使对方退而求其次，答应你的要求。

总而言之，这两种方式都是为了及时地帮助消费者消除顾虑，也就帮助他们强化了自己的信心和勇气，那么消费者决定购买的时间也就到了。

贴上“小财”标签，难逃消费命运

无论什么东西，也无论定价是多少，只要你在市场上出售，总会有人说价格太高。“太贵了！”这恐怕是任何一个推销员都曾遇到过的最常见的异议。消费者还可能会说“我可以以更便宜的价格在其他地方买到这种产品”“我还是等价格下跌时再买这种产品吧”“我还是想买便宜点的”等等。

这种情况下，除了向对方证明你的产品值那个价格外，还可以采用化整为零法，即将“大钱”化成“小财”，从而淡化消费者对于价格的敏感度，那么，那笔钱也就很难逃脱被轻易消费的命运了。

这其实是有心理学依据的。心理学家研究发现，人都有这样一个奇妙的心理：就是对一个数字觉得很大时，如果把它拆分开来，就不觉得很大了。比如，消费者乍听到某件产品的价格时，觉得很贵，为此产品支付这个价格不值得。可是，当销售人员给他算出他每个月或者每天甚至每小时为这个产品支付多少钱时，他就会将这笔支出与意识中的小支出进行比较，认为它是一种小财，就会觉得这个价格并不是那么难以接受，其实它还算合理。并且，消费者最终很可能接受这个产品。

从具体的方法上来说，销售人员可以这样做：

1. **价格细分**

要想把价格化大为小，最常见的就是把价格按使用年限分解。销售人员告诉消费者虽然价格贵一点，但使用时间长，平均下来每年或每日所花的钱并不多。这样做就可以减少巨额数目给人造成的感官冲击，就如同36000元/年与3000元/月带给人的感觉不同一样，让消费者切实地认识到开出这样的价钱是值得的。

例如，德国柏林某房地产商旗下有一块非常好的地段，因为租金昂贵一直租不出去，而这位房地产商又不想降低租金。正在他为此事发愁的时候，他们公司的一名销售员想出了一个主意：将这块地段的租金细分到每一天。于是，在德国柏林某个街头的广告柱上出现了这样一段话："这块地段租金每天为0.56欧元。"是的，这个数字看起来很小，但事实又如何呢？实际上人们需要支付的租金应该是，0.56欧元×所租地段面积×租用天数，折合下来还是那个巨大的数字。然而，奇迹出现了，这块地不到三天就全租了出去。

一样的地段一样的价格，前后差异却如此之大，原因就在于，这个聪明的销售员通过细分价格，巧妙地将价格调到了消费者能够接受的心理价位，大大降低了高昂的价格对消费者的心理冲击，消除了消费者的抵制心理。

2. **差额比较**

当消费者对价格感到不满时，销售人员可以引导消费者说出他们认为比较合理的预期价格，然后针对产品价格与消费者预期价格这个差额对消费者进行有效说服。

客户："这个价格实在是太高了，远远超出预算……"

销售员："那您认为在怎样的价格范围之内您才能够接受呢？"

客户："我们的最高预算是 18000 元……"

销售员："我们的报价是 19000 元，与您提出的价格正好相差 1000 元，其实在决定买与不买之间我们只有 1000 元的距离，不是吗？"

客户："是的。"

销售员："这种机器平均每天可以为您增加效益 200 余元，也就是说只要购买这台机器，不到 5 天的时间您就可以把这 1000 元的差价赚回来，难道您打算放弃这台机器为您带来的巨大效益吗？"

采用这种方法最大的好处是，一旦确定了价格差额，商谈的焦点问题就不再是庞大的价格总额了，而只是区区小数的差价。这时，你再进一步强调产品价值，把消费者的注意力吸引到产品的价值或拥有产品后获得更大的价值上来，消费者可能就不会过于坚持了，会有效促进成交的完成。

3. 分期付款

实际上，分期付款的销售方式也是利用了这个原理。现在我们无论买房子、买汽车甚至买家电，都可以分期付款。这种方法使本来很大的一个数字，让大家感到并不难以接受了。细水长流，就觉得轻松得多了。

那年，刚从麻省理工学院毕业的艾柯卡来到福特汽车公司，担任宾夕法尼亚州威尔克斯巴勒地区的销售部经理一职，负责推销福特汽车。不过，一年过后，这个胸怀大志的年轻人，不仅没有打开销路，连原有的销售额都未能保住，业绩在全公司排倒数第一。

为此，艾柯卡十分苦恼。经过近一个月的市场调查分析，他发现并不是福特汽车质量有问题，也不是消费者不想购买，而是这一地区居住的大都是中下等收入的普通市民，没有多少人家能一次拿出2500美元来买一辆福特汽车。于是，他想：能不能采取一种灵活的销售方法，用分期付款来推销汽车呢？

他将这一想法付诸实践：顾客买一辆售价为2500美元的福特汽车，只需先付1/5就可以将车开回去，余下的欠款可每月支付56美元，分三年付清。2500美元的1/5，只不过500美元，一般家庭都付得起，且以后每个月56美元也仅是工资收入的很小一部分，不会影响生活。

而事实也证明了其可实施性：当公司将分期付款的广告打出之后，购车者十分踊跃。仅3个月时间，艾柯卡所负责的这个地区，所销售的福特汽车的数量就从过去的倒数第一升到了正数第一。艾柯卡也因此而声名大振，被晋升为福特汽车公司华盛顿地区经理。

消费者看到了高价商品，即使心里很喜欢，也往往都会被价格吓跑。为了抓住这些对商品心动却对价格却步的消费者，销售人员就可以以提供分期付款服务的方式来留住他们。

总之，价格问题对消费者来说，永远是最敏感的。那些聪明的销售人员，总是想尽一切办法去激发消费者的小财心态，目的就是要将消费者的注意力从一个较大的数额转移到一个比较容易接受的小数额上来。“原来并不贵”的念头就会令他们心有所动，而且，消费者一般也不会为了最后的那一个小数额而与销售人员斤斤计较的。

别让消费者“挑花眼了”

我们的社会发展趋势是从没有选择，到有选择，到更多的选择。就拿我们最常见的用品——手机来说，现在，手机的种类日趋繁多，五花八门。不过，从心理学和经济学的角度来看，这并不是一件好事。

心理学家就曾在美国加州斯坦福大学附近的一个超市里，做过一个关于“选择”的实验。

工作人员在超市里摆了两个小吃摊，一个有6种口味，另一个有24种口味。结果，24种口味的摊位吸引的消费者较多——242位经过的客人中有60%停下试吃；而6种口味的吃摊前260个经过的客人中只有40%的人停下试吃。

但是，购买的结果却出人意料：在有6种口味的摊位前停下的消费者，其中30%都至少买了一瓶果酱；而有24种口味的摊位前，试吃者中只有3%的人买了果酱。

选择方案过多，会搅得人们心神不宁，使人无所适从，最后具有讽刺意味的是，“多方案”变成了“无方案”，什么方案也确定不下来，也就是俗话所说的“挑花眼了”。因此，销售人员在推销自己的商品时，不要给消费者提供太多的选择，否则，消费者“挑花了眼”，反而会觉得无从下手，更加难以做出购买决策。

还以手机为例，销售人员如果为每款手机提供过多的选择，不仅不能增加低端手机用户的快乐，还降低了他们购买价格较高款式的满意度。事实上，当消费者面对一个复杂昂贵的产品时，他对于能否做出正确决定变得越发紧张。最终，研究结果表明，每种型号的产品提供 3 种选择已完全足够了，而任何产品提供 7 种以上的选择，都会产生反效果。

美国心理学家巴里·施瓦茨在《选择的悖论》一书中也有类似的结论：过多的选择会给消费者带来焦虑，他们并没有因为丰富的选择而感觉“手握大权”，反而会产生无力感——在下决定之前，他们得费心费力地研究所有的选择。针对这一心理，销售人员在为消费者介绍产品时，一定要避免人为地给消费者制造“选择障碍”，而这就需要销售人员根据每个消费者的需求，主动为其推荐合适的产品。例如，在购买手机时，有些人看重手机的通话质量，有些人看重手机的上网功能，有些人看重手机的外观和款式，有些人看重手机电池的待机时间等，销售人员就可以根据消费者需求的不同侧重点为其介绍。

其实，每一个销售员也都知道，洞察消费者的需求对于销售的成败很重要。但是，有时候消费者的需求不容易把握。这时，我们该怎么做呢?

医生给病人看病，都讲究一个望闻问切，医生总是要询问病人一些问题，然后听病人说自己的身体状况，之后才能下定论开药方，这一切同样适用于销售人员。销售人员在与消费者的沟通中，也要把询问与倾听紧密结合起来，从而发现消费者的真正需求。多提问题，你会发现答案就在他的回答中。需求都是问出来的，你要有意识地去问消费者一些问题，而不是在消费者面前滔滔不绝，完全不在乎消费者的反应，结果白白失去了成交的机会；认真倾听，分析出消费者内心深处的渴望。许多销售人员常常忘记，倾听是相互有效沟通的重要因素，而且倾听消费者的问答，还可以使其有一种被尊重的感觉。

把消费者“蚕食”掉

许多销售人员会产生这样的困惑：为什么我把产品介绍得很全面、到位，消费者听得也很仔细，可是真正到了成交的时候，他们就是没有反应，不愿意立即成交呢？其实根本原因就在于消费者在心里有自己的想法与需求，而销售人员只想着自己快速推销产品，却没有认真地了解消费者的真实心理与想法，单纯地把自己的思维强加到消费者身上，这样自然很难成交了。

其实，一个成功的销售过程可以形象地比喻成蚕吃桑叶，一步一步、一点一点地实现你对消费者的“俘获”。抓住了这一普遍规律，每一位销售人员都可以完成两件事情：第一，可以使消费者同意他先前不愿意同意的事情；第二，还可以使已经同消费者达成的交易锦上添花。许多汽车销售商对这一策略的运用相当熟练。因为他们清楚地意识到，如果向消费者提的要求太多，消费者就产生了一种抵触情绪。这些销售商首先使消费者在头脑中形成这样的想法：“是的，我要买车，是的，我要在这儿买车。”然后他们会把消费者领进屋子里开始把一切附加费用算进去，使之成为汽车的利润。

从具体的操作技巧上来说，包括：

1. **“步步为营”**

步步为营的成交法，说的就是借助兵法中的稳扎稳打法。实现步步为营成交法要求销售人员事前必须有一个周密的计划，并且要保证你的每一步计划都能够很好地为下一步做铺垫，让消费者跟着你的思路走，最终促成交易。

美国用电的历史刚开始的时候，费城电气公司的保罗到一个州的乡村去推销用电，他到了一家富有的农家面前，叫开了门，户主是个老太太，一见是电气公司的代表，猛然把门关上了。

保罗再次叫门，门勉强开了一条缝。保罗说："很抱歉打扰了您，也知道您对用电不感兴趣。所以这次并不是来向您推销电的，而是来向您买几个鸡蛋。"老太太消除了一些戒意，把门开大了一点，探出头怀疑地望着保罗。保罗继续说："我看见您喂的道明尼克鸡种很漂亮，想买一打新鲜的鸡蛋回城。"

听到他这样说，老太太把门开得更大一些，并问道："你们自己家没有鸡蛋吗？"保罗充满诚意地说："因为我家的鸡下的蛋是白色的，做蛋糕不好看，我的太太就要我来买些棕色的蛋。"

这时候，老太太走出门口，态度温和了许多，并和保罗聊起鸡蛋的事情。聊了一会儿，保罗指着院里的牛棚说："夫人，我敢打赌，您丈夫养的牛赶不上您养的鸡赚得多。"老太太被说得心花怒放。长期以来，她丈夫总不承认这个事实。于是，她把保罗视为知己，带他去鸡舍参观。保罗边参观鸡舍边赞扬老太太养鸡的经验，并说，如果能用电灯照射，鸡产的蛋会更多。老太太对用电似乎不那么反感了，反而问保罗用电是否合算。当然，她得到了满意的回答。

两个星期后，保罗在公司收到了老太太交来的用电申请。

保罗就是成功地运用了步步为营成交法，才成功地将老太太说服了。

在销售中，如果我们能学会步步为营成交法将给我们带来很大帮助。

所以，销售人员一开始不要急于推销自己的产品，而是需要通过周密的提问，一步步地将消费者真实的需求引导出来，并且保证他们一直在跟着自己的思路走。这样，才能将消费者带入自己精心设计的环环相扣的谈话中，得出自己想要的信息，然后再提出自己的能够完全符合消费者需求的产品，这样，消费者自然会痛快地成交。

2. **“得寸进尺”**

被拒绝的情况在推销过程中屡见不鲜，因此，成功的销售人员都不会向消费者直接推销自己的商品，而是提出一个通常人们都能够或者乐意接受的小小要求，从而一步步地最终达成自己推销的目的。这其实就是“得寸进尺效应”。

一位客户选定一条价值20美元的领带，正当他掏出信用卡准备付款时，那位推销员问道：“您打算穿什么样的西服来配这条领带？”“我想，穿我那件藏青色西服应该很合适吧。”客户回答说。“先生，我这儿有一种漂亮的领带正好配您的藏青色西服。”说完，推销员就抽出了两条标价为25美元的领带。“是的，正如你所说，它们确实很漂亮。”客户点着头说，并且把领带顺手放进了购物袋中。

“再看一看与这些领带相配的衬衣怎么样？”“我想买一些蓝色条纹衬衣，可我刚才在哪儿都没有找到。”“那是因您没有找对地方，您穿多大号的衬衣？”还没有等客户反应过来，推销员已经拿出了四件蓝色条纹衬衣，单价为60美元。“先生，感觉一下这种质地，难道不是很棒吗？”“是的，我想买一些衬衣的，但我只想买3件。”

最后，那位顾客心满意足地离开了服装店。

你明白发生了什么事吗？那位推销员把20美元的生意变成了230美元

的交易，而这位客户却完全没有提出过异议，这就是“得寸进尺”的神奇！

其实对于销售人员来讲，最困难的并非是推销商品本身，而是如何开始第一步。最好的方法就是积极地为自己寻找一个突破口，把让消费者难以接受的整个销售过程缩小，再缩小，先提出一个让消费者比较容易接受的条件，让他们先平静下来，放松警惕，给你一个开口的机会，这样你再慢慢地向你的目标迈进。

当然，反过来说，如何避免成为蚕食的牺牲品，对于销售人员来说也是至关重要的。总之，一名成功的销售人员就得尽量考虑进行蚕食的可能，并尽量避免买主在最后时刻蚕食你的可能性。因为，此时的你是最为脆弱的时候，也是最容易做出让步的时候。

拒绝，不见得是真的不需要

对销售人员来说，被拒绝是家常便饭。被拒绝的时候，一定要擦亮眼睛，善于察言观色，洞察顾客的心理活动。因为，很多时候，消费者的拒绝并不代表他真的不需要你推销的产品。据有关统计，大概60%的消费者拒绝的理由并不是拒绝销售的真正理由。所以，了解消费者不购买的真正意图是决定下一步销售计划的关键，它将直接决定销售人员该采取哪种应对措施。

几年前，马佳一直把一家地毯厂当成商业保险的目标。地毯厂由3个人合股联办，其中一个人较其他两个年轻人要保守和固执得多，还有讨厌的耳聋毛病。马佳每次向他销售保险时，他总说听力不好，对马佳的话表示听不懂。后来马佳得知这个老人去世了，他马上想到销售保险的机会来了。

过了几天，马佳打电话和厂长预约，这件事马佳曾和他谈过。马佳在预约的时间来到厂长办公室，但马佳见到厂长时，他的脸上只是一片冷漠。

马佳坐下来之后，厂长说："我想你是为了那笔商业保险生意而来的。"马佳轻轻地点了点头。厂长马上斩钉截铁地说："对不起，我不买保险。""能否告诉我原因吗？"厂长说："工厂不景气，负债累累，而且每年的保险支出达1~2万元。""是的。""为了摆脱逆境，我们决定慎用每一分钱，直到赢利为止。"

马佳迅速地思索了几秒钟，问："一定还有其他原因，我不相信您不买保险仅仅是因为支付不起那些钱。""的确还有其他的原因。"厂长露出了微笑。"您能告诉我吗？""我有两个儿子，刚刚大学毕业，现在都在厂里工作，和其他工人一样每天从早晨9点忙到下午5点，他们很喜欢这份工作。我不想把过多的利润让给保险公司，否则一旦我去世了，我的两个儿子就有面临危机的可能。"

表面上看，厂长的第一个原因合情合理，而实际上第二个才是真正的原因，了解到这个情况，就为进一步销售保险有了机会。马佳为他制订了一份保险方案，给予他两个儿子极大的利益。结果对方对这份方案表现出浓厚的兴趣。

其实，在销售中，许多消费者会像厂长这样为了掩盖拒绝的真实原因，用一些虚假信息做托词。遗憾的是，销售人员却不是都能像马佳那样可以挖掘出消费者拒绝的真正理由。因此，他们也就不能在消费者反对意见刚萌生的时候，把消费者的顾虑打消掉，时间一长，消费者也就真的不需要了。

一般来说，消费者拒绝的情况有以下几种，销售人员一定要细心揣摩，对症下药。

1. **需求问题**

消费者因不需要而拒绝时，一种情况是因为他没有意识到自己的需要。需求也是可以创造出来的，作为销售人员，你的首要任务就是让消费者认识到这种需要，并把这种需求强化，而不是拿消费者没有需求的观点来说服自己。

还有一种情况是消费者不急需，他便利用拖延购买而进行拒绝。这种情况，表明他是有购买意愿的，只是意愿还不是很强烈而已，尚未达到促使他立即采取购买行动的程度。对付这种拒绝的最好办法是，让消费者意识到立即购买带来的利益和延误购买将会造成的损失。

另外，还有一种情况是，消费者由于没有足够的理由说“是”才说“不”的。在顾客尚未认识到商品的方便和好处之前，销售员如果试图去达成交易，那几乎是不可能的。因为谁也不愿意随随便便地贸然购买而被人看成傻瓜。在这种情况下，消费者缺少的是诚心实意的帮助。销售人员应该帮助消费者认识到产品的价值，发现其给自己的最大利益，好让他有充分的理由放心购买。

当然，消费者不购买也可能是他们真正不需要产品。所以，销售员一定要凭借敏锐的观察力，或通过提出一些问题让消费者回答，了解他们的需要之所在，以便真正满足他们的需要。

2. **金钱问题**

一般来讲，金钱的多少将直接影响顾客的购买力，所以碰到自称没钱的消费者，理论上讲还是有希望的。解决的办法主要是摸清他的真实想法：是真的没钱？还是目前钱不够？还是对产品质量有顾虑？多站在消费者的角度想想，才能多促成一笔生意的成功。

此外，涉及金钱的，还有一个价格问题。据统计，国外只有5%的消费者在选择产品时候仅仅考虑价格，而有95%的消费者是把产品质量摆在首位的。随着生活水平的提高，人们对产品质量也越来越看重了。所以从这个角度来看，嫌产品贵肯定只是表面现象。自古就有“一分钱一分货”之说，消费者之所以这么讲，肯定是认为产品不值这么多钱，这个评估仅仅是他心理的评估。如果消费者不能充分认识到产品带来的价值，他当然有理由认为产品根本不值这个价钱，永远嫌贵那就是很自然的事情了，所以销售人员一定要在产品的价值上下工夫，让消费者对产品的价值有全面的了解。

3. **时间问题**

这是最常见的也是最没办法的一种拒绝方法，令销售人员产生重大的挫折感。三天两头联系，一句无时间就把你打入冷宫。有些销售员会在这时候选择放弃，认为消费者无诚意。但反过来想想，已经付出了这么多，为何就不再多坚持一会儿？显然，敢于这样说话的消费者是有一定决定权的人，若一开始就被他的气势压倒，在随后的工作中将始终会有难以摆脱的心理障碍。应对这样的消费者，就应该单刀直入，直奔主题而去。如果能在开始的几分钟引起他的兴趣，就还有希望。当然如果消费者正在忙，或正在闹市区，接听电话也不大方便的话，就没有必要再浪费时间，明智的选择是留下资料和联系方式，另约时间。

另外，还有一种情况是消费者需要时间考虑。把资料和样品已经给消费者看了，演示了。眼看马上就能成交了，但到最后消费者依然会说再考虑时，销售员一定要跟紧，以免到手的机会拱手让人。这时，销售人员尤其要注意的是不要出于礼貌说：“那你再考虑考虑吧。”一定要约好和消费者下次见面的机会。否则，“考虑”结果一般是几天后再去时得到的答复是

“不好意思，我们已经选择了别家产品了”，或者是眼睁睁地看着消费者在别的柜台买了竞争对手品牌的产品扬长而去。

4. 信任问题

因信任问题而拒绝，不是拒绝销售的商品，而是拒绝销售行为人——销售人员。人们通常认为，销售的关键取决于产品的优劣程度。这虽然有一定的道理，但不能一概而论。有时即使是好的产品，在不同的销售人员身上的业绩却大不相同，原因是什么呢？大量的证据表明，在其他因素相同的情况下，消费者更愿意从自己所信任的销售人员那儿购买。因此，要想成为一个成功的销售人员必须在如何获得消费者的尊重和信任方面多动脑筋。

从表面上看，消费者这种种理由似乎是正当的抵制，而实际上只是一些借口而已。因此，销售人员一定不能把借口当成真正的拒绝理由，也不要非常直接地告诉消费者，说他是在寻找借口或者不愿意做出明确的回答。当正题谈不下去时，我们不妨运用迂回战术，闲聊一番，聊到双方都眉开眼笑时，机会也许就要降临了。

说在心坎上，一句顶千句

在销售的过程中，你一定碰到过这样的情况：自己已经使出浑身解数向消费者推销产品，却还是吃力不讨好；而那些和消费者说说笑笑，对产品只是只字片语一带而过的推销员却能够成功地征服消费者。这是为什么呢？

其实，这其中的关键就在于能否把话说到消费者的心坎上。戴尔·卡耐基曾说过："一个人的成功，约有10%取决于知识和技术，85%取决于人类工程——发表自己意见的能力和激发他人热忱的能力。"可见语言表达能力的重要。尤其是对于"靠嘴吃饭"的销售人员来说，把话说到消费者的心坎上，就等于推销成功了一大半。

1. **投其所好**

当你做一件事，需要别人的认同，接受你的观点或想法时，你首先要做的就是先让对方能够静心倾听。假如对方根本没有听进你的话，那这件事还有成功的希望吗？因此，许多有经验的推销员都喜欢投其所好以说服客户，这方面成功的案例数不胜数。

美国金牌寿险推销员乔·库尔曼，把自己的成功归结为一句具有魔力的话："请问您是怎么开始您的事业的？"他用一个很典型的例子来论证这种魔力。

在他刚开始推销时，曾经遇见了一家工厂的老板，名叫罗斯。罗斯平常工作忙得不可开交，许多推销员都对他无计可施，可是库尔曼却成功地让这个人买了自己的保险。当时推销的情境如下：

库尔曼："您好，我是乔·库尔曼，是保险公司的推销员。"

罗斯："又是推销员。今天，你已经是第十个来我这里的推销员了。我手上有很多事情要做，没有时间听你说话。快走吧，别再烦我了，我没有时间！"

库尔曼："请允许我自我介绍一下，只需10分钟。"

罗斯："难道你听不明白吗？我根本就没有时间！"

这时候，库尔曼低下头去用了整整一分钟的时间看放在地板上的产品，然后张口问道："您干这一行有多长时间了？"

罗斯说："哦，22 年了。"

库尔曼不失时机地接了下去，继续问道："您是怎么开始做这个的？"

这句话立即在罗斯身上产生了不可抗拒的魔力。他开始滔滔不绝地谈了起来，从早年的不幸到创业的艰辛，再到自己取得的成绩，一口气谈了一个多小时。最后，罗斯还热情地邀请库尔曼参观自己的工厂。那一次会面，库尔曼并没有卖出去保险，但是他却和罗斯成了朋友。然而，在接下来的三年里，罗斯先后从库尔曼那里买走了 4 份保险。

"您是怎么开始您的事业的"，其实就是为了提及对方喜欢的话题，引起对方的兴趣，从而进一步沟通，获得推销的成功。

其实，刚开始接触的时候，很多消费者都会不自觉地对推销人员感到很厌烦，不过，当你巧妙地聊起了消费者感兴趣的话题之后，就可以消除双方之间的陌生感，拉近彼此的距离，赢得进一步交流的空间，并最终交易成功。

2. **赞美恭维**

每个人都喜欢受到别人的赞美和尊重，对赞美自己和尊重自己的人自然会抱有好感。因此，如果推销人员能够运用恰当的口才技巧，先去真诚地赞美和恭维消费者，再提出相关的问题，就会很容易取得对方的好感，随后的推销过程也就会顺利得多。

有一位自我感觉非常良好的老总对自己的个人形象非常看重，觉得自己能力很强，也很优秀。于是他便经常摆出一副冷冰冰的面孔，让人感觉很难接近。有一位销售人员听说了这位老总的脾气不好之后，在一次与该老总合作时，一见面就说："× 总，您好，很早就听别的同事夸您，说您是个很爽快的人，办事也特别有能力，还很会关照我们这些在底下办事的销售人员，这次能够和您合作，实在是倍感荣幸。”听完这番话，那位老总脸上马上露出了笑容，并愉快地接待了这位销售人员。

这位销售人员的成功之处就在于他正确地赞美了那位顾客，使得那位顾客放松了戒备，试想有哪个人会让夸奖自己的人难堪呢？

不过，赞美也是要讲究技巧和方法的，不是美言相送，随便夸上两句就会奏效的，如果赞美的方法不当还会起到相反的作用。所以，在赞美消费者时，要注意恰如其分，切忌虚情假意、无端夸大。总之，赞美是增进情感交流的催化剂，如果推销人员能找到消费者值得赞美的地方，并真诚地表达出来的话，就会立即拉近和消费者之间的距离，让他们接受你，有时甚至还能够挽回那些行将失去的消费者呢！

正如台湾著名成功学家林道安所说：“一个人不会说话，那是因为他不知道对方需要听什么样的话；假如你能像一个侦察兵一样看透对方的心理活动，你就知道说话的力量有多么巨大了！”当销售人员可以做到把话说到消费者的心坎上时，语言沟通就成为了维护双方关系的“润滑剂”，进而有助于销售朝着预期的目标顺利进行。

第六章

培养消费忠诚

市场竞争，实际上是一场争取消费者资源的竞争。因此，对于一名销售人员而言，要想成为一个业绩卓著的销售人员，就不仅仅是和消费者做一次生意，而是和他们做永久的生意。基于此，如何及时与消费者保持沟通，把握住消费者的需要，与之建立牢固的关系，并发展消费者的忠诚度，对于销售人员来说，至关重要。

下篇 消费者都是不理性的

你够专业，他才够忠诚

消费者最希望销售人员能够提供有关产品的全套知识与信息，让他们完全了解产品的特征与效用。倘若销售人员一问三不知，很难在消费者中建立信任感。例如，可口可乐公司就曾询问过几个较大的客户，请他们列出优秀销售人员最杰出的特质。他们得到的最多的回答是："具有完备的产品知识。"从这个意义上来说，消费者的忠诚度应该与销售人员的专业程度成正比。每一个销售人员，都应该是顶级的产品专家。因为你只有具备了专业的产品知识，才能毫不迟疑地回答出消费者提出的任何问题，才能信心十足地向消费者展示自己的产品。

那么怎样才能成为专家，对自己所从事的工作达到专业化呢？

1. 学习新知识

在我们现代的商业社会中，有一种东西比金钱更为重要，那就是知识。对一个专业的推销人员来说，任何"产品的更新速度快""公司培训跟不上"等借口都不应该阻止你去掌握所销售产品的知识。任何工作都一样，只有努力去钻研和学习，才能掌握比他人更多的知识，工作才能更出色。

克丽斯汀·马丁蒂尔在1980年靠着1.5万美元的现金和一部电话机开办了自己的公司，向全美各家花店出售进口鲜切花。鲜切花的批发生意在美国的竞争异常激烈和残酷，客户穿梭于供货公司之间，货比三家，寻找最低价格。但是克丽斯汀却决定采用另一种销售办法。在帮助那些进货花店店主建立起他们自己的事业的同时，她也为自己的公司——“迈阿密才智”——建立了一个忠实的客户群。

为了建立客户群，克丽斯汀寻求IM国际公司的帮助。这是一家预测未来两年后设计师使用色彩趋势的预测公司。接下来她又动身前往意大利和哥伦比亚，去说服花农们按所预测的“流行”色彩种植鲜花。两年后当这些花卉运抵美国时，克丽斯汀又将它们重新包装，以确保花店收到处于最佳状态的鲜花。

结果，“设计师色彩”的鲜花大获成功。当理查德在1985年为她的电话销售员们设计营销技巧课程时，克丽斯汀已经拥有了300多位客户，销售额逾700万美元。当她的竞争对手们展开价格厮杀时，克丽斯汀已经在市场上占据了一席之地。

当人们要她谈谈成功原因时，克丽斯汀说道：“我意识到我所处的是一个竞争激烈的行业。如果我能得到某个小小的有利条件使我具有优势，我就会有成功的机会，而IM国际公司所提供的信息恰好使我具有了这样的优势。”

可见，让自己的专业知识更出色，事业也会具有更突出的优势。今天的知识创造着明天的财富。成为你所选定的任何学科方面的万事通，将给你带来灿烂的未来。

2. 结合诉求点

销售人员要能够有效地说服消费者，除了具备完备的产品知识外，还需要明确说明的重点，即产品的诉求点。因为有很多时候消费者并不关心产品的什么原理，他们关心的是买了你的东西后有什么好处。这个东西对他们有用，这才是硬道理。

因此，进入销售行业的人就应该记住：所有的一切努力仅仅围绕一个原则，什么样的消费者需要什么样的产品。消费者一般不会因为一时兴起，而去购买对自己“没用”的产品，只有懂得满足客户实际需求的销售人员才能抓住消费者的心。

小黄大学毕业后就进入了一家采用纳米技术制作产品的公司。每天都辛辛苦苦地看产品原理介绍，就怕客户到时候左一个“正电子”右一个“负电子”地问他。

有一次，他带着样品上门去推销，尽管他说得唇干舌燥，愣是没一个人相信他。客户说他根本就不相信纳米技术的效果，认为它和一些保健品一样，没有什么实际效果，最多是给人心理安慰。

这该怎么办？如果他再正电子负电子这么讲下去，估计客户仍听不懂，即使听懂了也没人会相信。于是他灵机一动，从口袋里掏出一盒烟。本来客户都没什么兴趣了，见他掏出烟，马上有人说：“对不起，我们办公室不能吸烟。”

其实，小黄要的就是客户重新注意他。他没有说话，把烟盒里剩下的几支烟倒出来，拆开烟盒，递给客户，让他闻一下。客户不理解，问他什么意思，烟味这么呛人，闻它干什么。听到客户这么一说，小黄立刻打开空气净化器，把烟盒附在上面几分钟，关了净化器后，让他再闻烟盒。客户一闻，烟盒纸上果然没有一点烟味了。就在他将信将疑的时候，小黄又说：“我这不是玩魔术表演，国家最权威机构的检测证书在这里。”客户终于心服口服了。

可见，仅仅机械地了解产品知识还不够，如果没有办法将产品特点与消费者的需求联系起来的话，还是会导致失败的。

将一个适合的产品带给消费者，销售工作的本身赋予了我们这一内涵。作为销售员，无论你如何精明，如何巧舌如簧，如何能够吸引消费者的眼球，你所做的一切最终还是为了说服消费者购买你的产品。但是，如果你的努力不能满足消费者的需求，他又怎么会同意让你把他辛辛苦苦挣来的钱“掏走”呢？

因此，销售人员在掌握了一定的专业知识的基础上，还是要把销售工作的重点放在解决消费者的需求上，多利用符合消费者诉求的产品功能来诱导消费者，才能增加消费者购买的可能性。而有效、确实的诉求重点则往往来自于平时对各项情报的收集整理和与消费者多次接触。例如，通过阅读资料获取：新闻杂志选摘的资料、产品目录、产品简介、设计图、公司的训练资料等，这是最快捷、最直接获得产品或服务信息的途径。可以从相关人员获取：上司、同事、研发部门、生产制造部门、营销广告部门、技术服务部门、竞争者、消费者等都可以成为你获得产品或服务信息的对象。还可以是自己的体验总结：自己销售过程的心得、消费者的意见、消费者的需求、消费者的异议等，也能反映出产品或服务某方面的信息。

在具体的操作中，销售人员往往会被消费者的表面态度击败，要知道，世界上没有永远的拒绝，也没有最好的产品。不要以为你的产品和对手的产品在功能上无法相提并论。其实，你产品的价格和适应性，你的服务，还有你自己，都能够为消费者找到合适而且合算的理由。

总而言之，做一位产品专家，才能赢得信任。销售人员需要充分了解自己的产品及服务，并且能娴熟地运用它们来吸引消费者的注意、满足消费者的需求，才能提高销售业绩，这二者缺一不可。

给消费者“美好的第一印象”

消费者形成对某一品牌的忠诚，很多时候并不是比较出来的结果，而是第一次使用了某种品牌的商品之后就根本不会去试用其他品牌。

这实际上指的就是“第一印象”的影响。心理学家研究表明，外界信息输入大脑时的顺序，在决定认知效果的作用上是不容忽视的。最先输入的信息作用最大。即使人们同样重视了后面的信息，也会认为后面的信息是非本质的、偶然的，人们习惯于按照前面的信息解释后面的信息，即使后面的信息与前面的信息不一致，也会屈从于前面的信息，以形成整体一致的印象。例如，人们之所以对于初恋总是难以忘怀，就是这种心理效应在发挥作用。对恋人的第一印象不仅当时具有强烈的冲击力，还会经久不息地左右以后的爱情情绪。

在消费行为中也是一样，例如电子邮箱，很多人都有自己偏好的网站，他或许一直都坚持使用新浪网的邮箱，因为这是他刚接触网络时申请的第一个电子邮箱，况且新浪邮箱功能也还不错，现在大家都用这个邮箱和他联系，所以这个邮箱就一直用到现在。我们可以发现，电子邮箱的选择并不是试用比较出来的结果，而是第一次接触到的邮箱也许你就永远使用上了。并且，在接触新的电子邮箱系统时，你总是会尽力发现和强调自己原有邮箱的优点，对于系统欠缺或不完善的地方却总会低估其重要性。这也是“第一印象”生效的因素之一。

对于销售人员而言，就可以利用消费者的这一心理，用“美好的第一印象”发掘和稳定自己的目标消费群，培养他们的消费忠诚度。

那究竟如何给消费者留下好的第一印象呢?

1. 销售人员要有好的仪表

虽说内在比外表重要，但是人往往会被外表所吸引，尤其是第一次见面时，穿着得体的人，更容易得到别人的信任。

玲玲个子不高、容貌一般，但在保险公司里，她却是最棒的员工。很多人都奇怪，她怎么有那么大的魅力，客户都愿意把单子交给她做。后来，在年终总结会上，领导让玲玲作为代表发言，她才说出了自己的秘密，那就是从外在仪表和内在修养上包装自己，做到第一时间让客户喜欢自己、信任自己。

刚开始做保险工作时，玲玲经常也是开口没说几句话就被人打发走了。有一次，男朋友在她生日的时候送她一套很适合她的新款套装。她中午和男友吃了饭，下午就穿着漂亮的套装去见客户。碰巧那天约见的是一个中年女客户，客户一看她的套装眼睛就发亮，没等她开口就问她套装多少钱?在哪儿买的?有没有自己穿的尺码?那是玲玲第一次和客户说那么多话，也是她做成的第一笔单子。

虽然那笔单子数额不大，但她受益匪浅。以前她总认为女人不是花瓶，要靠实力而不是外表说话。从那以后她明白了，好的包装是向别人销售自己的敲门砖，外在仪态好，不用开口说话，别人就先接纳了你三分。从此以后，玲玲在提升自己业务素质的同时，更加注意了外在仪表，她成了公司里最棒的保险业务员。

这也难怪，人们在现实生活中对于刚接触到的人，总是会凭本能对其外表进行判断：他像是干什么的，他像好人还是坏人，他像让人喜欢的人还是让人讨厌的人，等等。因为外表是直观的东西，而人们在不熟悉的情况下，只能通过亲眼看到的、亲耳听到的，对他人形成初步的判断。人们总说“以貌取人”是不对的，但是，现实中几乎没有完全不以貌取人的人。因此，对于销售人员来说，我们应该从着装入手，让好的仪表给消费者以良好的第一印象，这会更容易取信于人，也许会给你带来更大的成功。

2. 销售人员一定要有自信

销售人员与消费者交谈过程中，不要有过多的肢体语言，说每一句话都要有底气，这样才能使消费者相信你所说的，才能对你留有良好的第一印象。

3. 销售人员还要以丰富且扎实的专业知识为基础，以为消费者竭诚服务为宗旨，将贴心服务进行到底

这样，在给消费者介绍产品时才会得心应手，使消费者真正了解产品，建立对产品的信任，对服务的信任，对销售人员的信任。

总而言之，“第一印象”就决定了销售的成败，要想使“第一印象”发挥好的作用，就需要销售人员将“第一次”就做到最好。而要获得好的第一印象，就需要专业、贴心、竭诚地服务，需要销售人员用心地工作。

你记住他的名字，他就会记住你

每个人的名字，对他自己来说，都是最甜蜜、最重要的声音。如果你与曾打过交道的人再次见面，能一下被对方叫出名字，你一定会感到非常亲切，对对方的好感也油然而生。从这个意义上来说，只要你能记住消费者的名字，他就会记住你。

泰国的东方饭店是一家已有110多年历史的大饭店。而这家饭店这么多年以来，几乎天天客满，不提前一个月预订很难有入住的机会。一个饭店能经营到这种程度，自然有其特殊的经营秘诀。除了饭店的住宿、餐饮、娱乐等消费的环境让人备感舒适和享受以外，还有一个重要的小细节让只要来过这里的顾客，都会愿意再次光顾，那就是——记住他们的姓名。

饭店规定，楼层服务生在头天晚上要背熟每个房间客人的名字。比如，一位史密斯先生入住了这家饭店，早上起床出门，就会有服务生迎上来："早上好，史密斯先生！"当史密斯先生下楼时电梯门一开，服务生问："史密斯先生，用早餐吗？"当史密斯先生走进餐厅，服务生就问："史密斯先生，要老座位吗？"饭店的电脑里记录上次史密斯先生坐的座位。菜上来后，如果史密斯先生问服务生问题，服务生每次都会退后一步才回答，以免口水喷到菜上。当史密斯先生离开，甚至在若干年后，还会收到饭店寄来的信："亲爱的史密斯先生，祝您生日快乐！您已经5年没来，我们全饭店的人都非常想念您。"

记住名字，虽然这只是一个小小的细节，但在消费者心里却是十分重要的。难怪公关专家经常强调，从事服务业的人，只要能记住客户的名字，客户就会跟着你走。

了解了消费者名字的重要与价值之后，我们就得进一步设法牢记别人的姓名。

也许会有人说："我就是记性很差，老是记不住别人的姓名。"或是说："我的记忆力不好，因此人跟名字就是对应不起来。"或者说："我太忙了，实在没有时间记住他们的名字。"不过，真的是这样吗？

其实，多数人不记得别人的名字，只因为不肯花必要的时间和精力去专心地、重复地、无声地把名字耕植在他们的心中。雪弗莱通用汽车分公司的总经理巴布·兰德能记住6000个人的姓名；美国前邮务总长杰姆能牢记50000个人的姓名！

或许你又会说，巴布、杰姆都是特例，一般人做不到。但我只想告诉你，不要再为自己编造借口了！其实，记人名就跟背英文单词一样，只要肯用心，下苦功，必有所成。

要牢记人名，可参考下面三个方法：

1. **用心仔细听**

把记别人姓名当成重要事情去做。每当认识新朋友时，一方面要用心注意听，一方面要牢牢记住。若听不清对方的大名，请立刻再问一次。切记！每一个人对自己的名字，比全世界的所有人名合起来还关心。

2. **利用笔记**

别信任自己的记忆力，在取得对方名片之后，必须把他的特征、嗜好、专长、生日等写在名片背后，以帮助记忆。当然，若能配合照片另制资料卡，就更理想了。

3. **重复一个人的姓名**

在初次谈话中，应故意多叫几次对方的大名。如果对方的姓名很少见或很奇特，不妨请教其写法与姓名的来历。

总而言之，名字，虽然只是人的代号，却最直白地把人和人做了区别。记住别人的名字，尤其是没有打过几次交道的人的名字，会使你的销售工作有意想不到的收获。因为准确记住顾客的名字，才能赢得顾客的好感，才能为接下来的销售工作营造良好的谈话氛围。

让你的销售从售后开始

从某种意义上来说，真正的销售活动是在售出商品后才开始的。这一概念看似故弄玄虚，实则至理名言，因为只有让消费者重复购买的销售行为，才算是成功的销售。而要赢得消费者的忠诚，绝不是靠一次重大的行动就可以的。要想建立永久的合作关系，就需要你用长期而优质的服务将他们团团包围，因为这样做，就等于是让你的竞争对手永远也别想踏进你客户的大门。

胡力和汪洋，是某汽车公司的销售员，卖的都是移动房屋式游艺车。不过，两人的销售业绩却是天壤之别。而原因就出在售后上。

胡力在交易成交之后，客户取货之前，通常都要花上 3 ～ 5 个小时详尽地演示汽车的操作细节问题，包括一些很小的方面，如怎样点燃热水加热器，怎样找到微波炉上的保险丝，怎样使用千斤顶等。最后，他还会对客户说："我的电话全天 24 小时都欢迎您拨打，如果有什么问题，请给我的办公室或家里打电话，我随时恭候。"一旦客户真有问题，他也是立刻就去解决，实在不行，还会联系别人帮忙。

而汪洋，虽然他前期的推销积极热情，很有效果，但签单之后，只是递给新客户一本用户手册说："拿去自己看看。"就开始"转战"下一个目标客户了。

结果呢？胡力的客户不仅会回头再买，而且他们也会介绍一些朋友来买车。汪洋的客户都是“一锤子买卖”，而且有时还会遭遇退单。

现实生活中，很多推销人员会和汪洋有一样的想法，认为已开发的顾客已经和自己在做生意了，并不需要再跟进，就是要跟进也是售后部门的事情，和自己的关系不大或者认为顾客再定货时再跟进也不迟。而且，停止服务还可以腾出更多的时间去发现、争取新的顾客。但是，事实却不是那么回事。由于销售人员对已开发的顾客跟进不及时，大大影响了顾客的忠诚度，在激烈的竞争中出现了不断开发顾客也不断失去顾客的危险情况。而且，销售实践也证明，稳定一个顾客所需的费用是开发一个新顾客费用的十分之一，所要投入的精力也只有开发新顾客的十分之一，通过服务性跟进不但能稳定顾客，并且还会通过顾客的口碑宣传和介绍带来更多的新顾客。这就是许多销售人员越做销量越大，顾客越多的成功所在，也是许多销售人员业绩老没有起色的主要原因。

因此，要想成为一名优秀的销售人员，你必须提供优质而长期的售后服务。这样，消费者才愿意一次又一次地回头光顾你的生意，更重要的是，他们乐意介绍别的人给你，这也就是心理学中所谓的“滚雪球效应”。成功的推销生涯正是建立在这一基础上的。

在具体操作中，优秀的销售人员给我们提供了这样一些建议：

1. 保持联系

与消费者保持联系，可以加深销售人员在消费者心中的印象，继续影响消费者未来的购买行为。消费者一旦需要再次购买或身边的亲人需要购买时，自然而然就会首先想到与之关系融洽的销售人员。

“如果不与你的顾客保持联系，你就不可能为其提供优质服务。”寿险推销大王坎多尔弗在其推销生涯中，自始至终都牢记着这一信条，可以说这也是他成功的关键所在。他说："有个好主意可使你在售后继续提供优质服务，那就是在成交后着手给顾客写上几句什么，或是打个电话。"

他是怎样写的呢？我们择一例来看看。

亲爱的约翰：

恭贺您今天下午做出决定，加入人寿保险。这当然是建立良好的长远理财计划的重要一步。我希望我们的会见是我们长期友好关系的开端，再次对您的订货表示感谢，并祝您万事如意。

您的忠诚朋友

乔·坎多尔弗

现在发达的通信方式让人与人之间的联系变得越来越方便。销售人员与消费者保持长期联系的方法也可以有很多选择，如电话、电子邮件、客户联谊、手机短信、网上聊天、明信片、邮寄礼品等方式，都可以让消费者感受到销售人员的关心，这样才能维持双方持久的关系。

2. **及时周到**

销售前的奉承，不如销售后及时而周到的服务，这是创造永久客户的不二法门。台湾著名实业家王永庆就深谙其道。

在创业初期，王永庆曾经开过一家米店，与其他米店的做法不同，他总是自己先将米中的杂物拣干净再出售，而且为顾客送米上门，再加上经营很灵活，所以很受顾客的喜欢。

他有一个小本子，上面记着许多顾客的情况，如家里几口人，上次是什么时间送的米，大概什么时间可以吃完，顾客什么时候发薪水等。如果顾客手头不方便，他会先把米送过去，然后等他们发薪水的时候再去收钱。

而且送米的时候，他不是送到就算，他会替顾客把米倒进米缸里。如果里面还有旧米，他就先把那些旧米倒出来，把米缸刷干净，再把新米放进去，然后再把旧米放在上面。正是因为他的"用心"，赢得了越来越多的顾客，生意也越做越红火。

可见，我们必须正视这样的事实：服务质量是区分一家公司与另一家公司、这位推销员与那位推销员、这件产品与那件产品的唯一因素，在我们高度竞争的市场经济体制下，没有一种产品会远远超过竞争对手，但是，优质服务却可区分两家企业。一旦你确实为顾客提供了优质服务，无疑你就会成为令人羡慕的少数推销员中的一员，你比你的竞争对手更具优势。

总而言之，作为销售人员，你必须记住：服务，服务，再服务。这些话听起来是如此的简单——确实也简单，做到"几十年如一日"的优质服务并不是什么复杂困难的事，但它确实需要一种持之以恒的自律精神。

暗地里的优惠，岂能不动心

市场竞争越来越激烈的环境中，销售人员如何才能将自己的产品顺利地卖给消费者，并让一般消费者变成自己永久而忠实的招财童子呢？

一个最有效的策略就是让消费者感觉自己受到了特殊的"照顾"。否则，你的产品跟别人的没区别，消费者跟你也不是朋友，凭什么一定要买你的产品呢？所以，巧妙地利用一些手段，让消费者觉得你在暗地里给了他优惠，这样，消费者才能接受你，并且在以后每次需要产品的时候，第一个想到你。

有一对夫妻，平常都是妻子负责买菜做饭。这天正好是周末，丈夫便陪妻子去附近的菜市场买菜。

买肉的时候，他发现妻子为了买一斤肉，绕过二十几个肉摊，特意来到一个很不起眼的地方。老板看见妻子笑着问："刘太太今天要点什么肉？"妻子说："给我来一斤五花肉。"老板压低声音说："今天的五花肉不好，很肥，我建议您买梅花肉吧。今天的梅花肉特别好，我还是按那个价钱给您。"妻子说："好吧，我就买一斤梅花肉吧。"

丈夫很纳闷，就问妻子："为什么你买肉不挑不拣，还专门来这个地方买？"妻子回答说："因为我是这家的老客户了，老板很照顾我，总是悄悄地给我打九折。他说今天五花肉不好就应该是不好的，他从来没骗过我，而且，他的价格是这几家里最低的。"老板很快把肉称好了，一看好像真的很好，然后还顺手切了块瘦肉当添头。看到这里，丈夫终于明白为什么妻子特意来这家肉摊买肉了，也明白为什么这个摊子的生意比别家好很多了。

的确，"朋友归朋友，生意归生意"，销售人员跟自己一不是亲戚，二非朋友，如果能给自己额外的实惠和好处，作为消费者，岂能不动心？

其实，消费者的这种心理很好理解。从心理学上讲，人人都希望自己能够在同样的情况下得到特殊对待。因此，消费者在购买产品时，不仅会在意自己购买产品的价格，还会特别关注别人买下该产品的价位。如果自己能以比别人更多的优惠获得此产品，他们将会很痛快并且很高兴地买下产品。如果看到自己与别的消费者待遇相同时，他们就会多少产生一点失落感，觉得自己不过是众多消费者中不起眼的一个，从而很难快速地做出购买决定。

尤其是在市场竞争日趋激烈的今天，销售人员为了吸引客户，什么“清仓大处理”“挥泪大甩卖”“今天跳楼价”等促销活动已经不再是什么新鲜事。当然，它确实也产生了一定的效果。但是，如果你不想这么“大动干戈”，只想给消费者小小的优惠，就想让消费者成为你忠实客户的话，“暗地里优惠”是最好的选择。因为这种方式，不仅让消费者看到了实惠，还让消费者感觉自己与众不同，使其希望受到他人重视的心理得到了满足。

例如下面这个聪明的销售人员就运用了这一技巧：

一位中年妇女走进一家商店。

销售员：“您好，欢迎光临。”

中年妇女：“你好。”

销售员：“您想买点什么？”

中年妇女：“我想买一个电饭锅。”

销售员：“您看这些电饭锅您喜欢哪一款？”

中年妇女：“我喜欢那款粉色的。”

销售员：“嗯，这款电饭锅是卖得最好的一款。”

中年妇女：“多少钱？”

销售员：“680 元。”

中年妇女：“能优惠点吗？”

销售员：“一看您就是行家，您应该也知道我给您的价钱是很合理的吧。”

中年妇女：“我还觉得有点贵。”

销售员：“看您是诚心要买，这样吧，我再送您一壶花生油，您千万别跟别人说哦，我可就给了您一个人这样的优惠。”

中年妇女一听多给自己一壶花生油，别人却没有过这样的待遇，就很高兴地买下了那款电饭锅。

其实，那款电饭锅本来就是免费赠送一壶花生油的，这个销售人员只是换了一种方式，让消费者以为这壶花生油是销售人员暗地里给自己的优惠，只有自己有这个特权，自然兴高采烈地买下了。

不过，要注意的是，“暗地里”给消费者一点优惠，虽然是可以带给消费者一些心理满足。但这种优惠也要有分寸，尤其是价格上的优惠。不能前后价格差距悬殊，否则，客户很容易产生怀疑，有一种被欺骗的感觉。因此，销售人员在给消费者“小甜枣”时一定要注意方式和分寸，既要让消费者看到实惠，又要让消费者觉得合情合理。这样，才能使消费者成为你的忠实客户，长久地给你带来利益。

与“以盈利为唯一目标”反其道而行

相信很多销售人员听过并奉行着这样的商扬名言——“以盈利为唯一目标”。于是，在这一原则的指导下，他们为了使自己获得更多的利益，总是不惜去损害消费者的利益。他们或者诱导消费者购买一些质量差但价格高的商品，或者是买完之后就感觉事情已经与自己无关，对消费者在使用过程当中出现的任何问题都不闻不问……

这样做的结果可能使销售人员在短时间内获得不菲的收益，但是从长远来看，对销售人员的发展却是极为不利的。因为如果消费者的利益受到损害的话，这无疑将会降低他们对于销售人员的信任感，长此以往，大量的消费者流失也就是必然的了。

相反，在销售的过程当中，如果销售人员能够将消费者所面临的问题当做自己的问题来解决，而不是进行“一锤子买卖”，无疑将会增进彼此之间的信任，这样，销售人员同消费者之间的关系也将更加稳固，合作才会更加长久。

在美国迪斯尼乐园里，一位妈妈带着五岁的儿子排着长队，等待着登上梦想已久的太空穿梭游戏机。排了40分钟的长队，好不容易轮到了，母子俩却在飞机时被告知：由于孩子年纪太小，不能登机做这种游戏。其实，在排队开始处和中间都有醒目的警语告示：10岁以下儿童，不能参加太空穿梭游戏。遗憾的是这位母亲没有注意到。

事情似乎就以母子俩扫兴而归而结束了，有告示你没看到怪谁呢？但只见迪斯尼的服务人员，立即把失望的母子俩带到一旁，亲切地询问了小孩的姓名，不一会儿，便拿着一张刚刚印制出来的精美奖状，上边打印着孩子的名字。然后郑重地交给了孩子，欢迎他到可登机的年龄再来玩，到时，只要拿着奖状就不用排队，直接登机——因为你已经排过一次了。

拿着漂亮的奖状，母子俩满意地离开了太空穿梭游戏，愉快地玩其他游戏了。

迪斯尼的服务人员就这样，成功地将一场小危机转化为宣传自己、留住顾客的最佳机会了。而我们也可以看出：消费者需要的是关心和重视。销售人员若能以消费者利益为先，悉心地为其提供周到的服务和帮助，替他解决问题和困难，消费者才会意识到你是在帮助他，而非从他口袋里掏钱，继而降低心理防线，放心地接受你。

下面，我们就为销售人员提供几种成功的方案：

1. **恰当的商业用语**

销售人员与消费者沟通的第一要素就是语言。因此，要想让消费者明白你是在为他着想，运用恰当的商业用语就可以第一时间达到目的。

在某小百货店，有一位顾客走进来，服务员见顾客走近柜台边走边看，好像在寻找着什么，但又漫不经心，就判断他是想买东西但又不十分着急。于是服务员迎上去，热情地问："先生，您需要点什么？"

"我随便看看。"

"好，您要看什么我给您拿，不买也不要紧。"

似乎是服务员的盛情难却，顾客便说："请把那套餐具拿给我看看。"

服务员随手拿过两套餐具，同时介绍了这种餐具的质量、特点，还说明这种餐具很是畅销，目前只剩下了这两套。顾客听了，便掏钱买了一套。

临走时，顾客说："本来我并不打算马上买，只想顺便来看看有没有花色好一点儿的，你那句'不买也不要紧'，使我动了心。"

这位服务员善于观察判断，而且时时为顾客着想，服务用语起到了很好的促销作用，于是做成了这笔买卖。

2. **附加的产品价值**

销售人员存在的意义在于为消费者创造价值。因此，仅仅把产品卖给他们还远远不够，因为这是任何一个销售人员都可以做到的。我们所谈的创造价值，更重要的是指为客户创造出产品价值本身之外的附加价值，这个附加价值，才是销售员存在的价值所在。

有个修自行车的师傅，生意十分火爆，周围很多同行的生意都被他抢占了。不仅如此，很多人还愿意从很远的地方跑来让他修车。那么，是他的技术多么高超吗？并不是这样，原来，这位师傅有个习惯，每次修完车之后都要帮顾客把自行车擦得干干净净，就像一辆新车一样。而这一点并不是顾客自己提出的要求，也不在他修车工作的范围之内，但他一直坚持这样做。可想而知，当顾客拿到车时是多么的惊喜。

因为修车师傅为顾客创造了附加价值，而其他的修车人却做不到，这就是顾客为什么都选择他的原因。其实，这也是在竞争激烈的买方市场条件下销售人员必须做到的事情，如果做不到这一点，我们就很有可能败给其他能够带给消费者“意外惊喜”的销售人员。

当然，不止这些。只要销售人员抱定真诚为消费者着想的态度，就可以无坚不摧，没有办不成的事情。你要知道，销售人员与消费者之间的关系不是对立的，也不是此消彼长的，而应该是互利的。销售人员要学会像对待朋友那样对待自己的消费者，要亲切友好，不斤斤计较，让对方知道自己真诚的合作愿望，这样会让消费者在心理上得到极大的满足感，他会认为与你合作非常放心，自然也就会很容易促成销售的成功，并保持长期合作的状态。

人性，比产品更重要

随着社会的进步和消费者认识水平的提高，他们所要求的不单单是一个产品，更重要的是一种人性化的服务。因此，对于销售人员来说，你不应仅仅推销产品，还必须成为一个为消费者谋利、帮消费者选购产品的人。

美国寿险奇才巴哈就是这样的人。

有一次，巴哈遇到这样一个顾客，他对巴哈说：“我要为我自己买5000美元的寿险，我还要为我的太太与三个小孩子各买1000美元的寿险。”对于一般人来说，听到这句话一定会欣喜若狂，赶紧为客户办理业务。但巴哈却开口纠正顾客：“寿险的目的是要当父亲的去保护孩子，而不是要子女去保护父亲。”最后，顾客接受巴哈建议，只为自己买了5000美元的寿险。

对于这一点，巴哈有自己的解释：“你应该设身处地为顾客着想，为他设计最适合的保险，只要你使他觉得你的服务不同凡响，你就处在有利的地位了。”而事实也确实如此：虽然这笔生意减少了，但这位顾客成为巴哈忠实的老顾客。

巴哈成功的秘诀就在于：图利顾客——使顾客在他身上得到的利益大于他从顾客身上得到的利益，这种人性化销售理念帮助他获得了巨大成功。

那么，如何才能做到人性化地销售产品呢？下面这几点建议或许可以帮助你赢得消费者的心：

1. 多一些关怀

人人渴望被重视，也渴望被关怀。关怀是一种自内心而发的真挚感情，情感的力量是强大的，有时候比商品本身、商业项目、交易规模都要重要。多一些关怀就能体现出销售人员的人性化，就能维系销售人员与消费者之间的感情，他们就越有兴趣和你做生意。

有一位销售人员，每次上门去推销的时候，并不急着和顾客谈“业务”，而是先询问、关心一下顾客的家事。“老张，听说你儿子住院了，最近他身体好些了吗？”“小陈，你家盖新房了，平时有什么需要帮忙的尽管说。”有时，还会主动帮顾客整理柜台、张贴价格标签等。他的这些方法让自己非常受欢迎。

销售人员的一声问候、一句关心、一件平常小事，能给人一种亲切感，让消费者感觉你就像关心自己的“亲人”一样关心他，犹如“一家人”，这无形中就增进了销售人员与消费者之间的“亲情”关系。一旦消费者认定你是真正关怀他，真心为了他考虑，不管一些细节如何变换，他都会向你购买。

2. **多一些真诚**

真诚对待消费者，这是人性化销售工作的核心理念。

世界上最伟大的销售员乔·吉拉德曾说：“所有最重要的事情，就是要对自己真诚；并且就如同黑夜跟随白天那样的肯定，你不能再对其他人虚伪。”吉拉德了解客户心目中关于销售员的恶劣形象，他更加努力要做一个对客户讲诚信、让客户可以信赖的销售员。其实，这对于吉拉德来说，不仅仅是一件有关名声、信用的问题，而是一件求生存的事情。“说真话”使他成为世界上最伟大的销售员。他总是面对面地非常诚恳地对每一个客户说：“我不仅站在我出售的每一部车子后面，我同时也站在它们的前面。”

对于销售员来说，真诚既是一种品质，又是一种技巧，只有当消费者感受到你真诚的关怀、诚心的尊重，销售才有成功可言。真诚大于技巧的大智慧是销售的最高境界。

3. **多一些幽默**

销售人员是靠嘴吃饭的，所以，出色的销售人员一定要有出色的口才。

只有有了出色的口才，才能够让消费者感受到你的魅力，才乐意购买你的产品。而这，首先就是从幽默的魅力展现开始的。

一个年轻小伙向一位老人家推销放大镜，眼看就要成交了，但老人家忽然看到小伙子手上有一块刺青，老人立马说不要了。小伙子眼角瞟见老人看到自己有刺青才说不要购买的这一举动，小伙子灵机一动说："低价未必没有好货，就像我手上有刺青一样，有刺青的不一定是流氓，他可能是岳飞。"见到小伙子这么一说，老人家竖起大拇指，连说："小伙子不错，我买了！"

"货卖不成话不到，话语一到卖三俏。"运用幽默技巧，既充分展示了一个销售人员的个人魅力，同时又能帮你达到销售目的，创造更亲近的友谊关系。

总之，消费者购买的不仅仅是产品，更是销售人员的服务态度和精神。因此，销售人员在销售过程中应努力让消费者得到应有的关怀、体贴和愉悦，这些有时候远远要比产品质量更能打动顾客。毕竟商品只是一件冰冷的东西，没有销售人员人性化服务的温暖，它的价值也就不过如此。

和你的消费者"日久生情"

我们都知道，恋爱中有一个技巧是"日久生情"，即两个人在一起接触的时间长了，就会在不知不觉中产生感情。其实，在消费过程中，消费者与销售人员也会“日久生情”。

心理学家曾经做过这样一个实验：选取一系列测试者，把12个素不相识的人的照片给测试者看。照片分为6组，每组两张。第一组两张只看一次，第二组两张看2次，第三组看4次，第四组看6次，第五组看8次，第六组两张照片不予观看。被测试者看完照片后，要求按照自己的欣赏程度对照片给予评价。结果表明，凡是被看的次数多的照片，被接受的程度也就越高。

这个实验就充分证明了“日久生情”的存在。在进行消费活动时，消费者总是喜欢和熟悉的销售人员谈交易，也就是我们经常说的“脸儿熟”。从这个角度而言，销售人员同消费者“脸儿熟”，甚至成为朋友，往往能够在销售时起到推波助澜的作用。相反，如果久未联系，销售人员与消费者的关系会慢慢地淡下去。不仅如此，因为消费者与销售人员的经历不同，接触的人和事有差异，渐渐地会发生观念的改变。如果双方长期不进行沟通、交换新信息，双方观念的差距可能会变得越来越大。

而且，需要经常联系的消费者，既包括已经成交的，也包括那些暂时未成交的。在消费活动中，很多销售人员常常强调通过售后服务等手段与自己成交了的消费者建立关系，对于那些一次交易不成的消费者，就完全放弃，不管不问了。这是销售人员常犯的一个错误。实际上，与未成交的消费者建立良好的关系同样十分必要，如果在消费者拒绝采取购买行动之后，销售人员从此不再与消费者接触，不再与之发展关系，也就失去了改变消费者态度的机会。其实，未成交的消费者中的大部分仍然是合适的成交对象，仍需要进一步争取。为了说服某一消费者购买产品，销售人员常常要进行第二次、第三次甚至更多次的访问，“日久生情”，就很可能会改变消费者原来的认识，你也会有更多机会说服他们采取购买行动。

为了方便与消费者保持联系，我们要记录所有关于现有及潜在消费者的有用信息，并利用现在发达的通信方式，与消费者保持长期的联系。从方法上来说，经常使用的有下面几种。

1. **电话**

电话联系是销售人员与消费者联系的最常用方法，包括打电话和发信息两种方式。

打电话时，销售人员需目标明确，比如了解消费者是否收到资料，尽可能地通过提问的方式从消费者那里获取更多的信息。如果是多次联系后，销售人员还应在每次开始对话时简述上次电话的要点与本次电话之间的联系，让消费者回忆起上次谈话的要点，如双方都做过的承诺等，同时，陈述本次打电话的目的。而且，销售人员在与消费者进行电话沟通的过程中，最好还能有些新的、有价值的东西，让消费者感到每次通电话后都有所收获。

短信，最常用于节日问候和生日祝福等领域。值得注意的是，销售人员在发短信时，要慎重使用产品和服务介绍，以免引起消费者的反感。

2. **网络**

网络，也是一种比较好的与消费者保持长期联系的方法。主要包括：

网上聊天：当下，QQ、微信等网络沟通工具已经成了很普遍的交流工具，这种交流工具为销售人员与消费者的沟通提供了便利。而且，也更容易让销售人员与消费者通过聊天成为朋友。

电子邮件：通过群发电子邮件可以与所有的消费者保持一种比较密切的联系，像节日问候和新产品的介绍等都可以通过电子邮件完成。比如，很多公司都会制作公司简讯，每隔一段时间向消费者发送一封电子邮件，这样做的好处是不让那些暂时没有需求的消费者忘记自己。

3. **邮寄**

邮寄信件或明信片：许多销售人员用电子邮件的方式代替明信片和手写信件，因为这种方式成本更低、效率更高。但是，传统的手写信件或明信片在销售中仍然有着不可估量的作用，因为现代人收到信件或明信片的数量大幅下降。此时，销售人员若采用信件／明信片的方式，可以给消费者与众不同的感觉。

邮寄礼品：在条件允许的情况下，在节假日来临时，销售人员可以给消费者寄些实用的礼品，这是实施情感销售的一个必要环节，小小的礼品不一定很昂贵，却能让消费者感受到销售人员的关心。

4. **联谊**

这种方式特别适合那些以关系为导向的销售人员，同时也适合业务地域比较明显的行业，例如电信行业和金融行业等。如果条件允许，定期举办各种主题的客户联谊活动，可以进一步增强客户关系。

总之，销售人员必须经常通过不同的方式与消费者沟通，互相交换信息，倾听他们的抱怨和要求，维持双方持久的关系，这样才能加深销售人员在消费者心中的印象，从而继续影响消费者未来的购买行为。当然，你还需要注意，事物都是相对的，不是所有的频繁接触都会起到好的作用，如果第一次就让人讨厌的话，估计以后的频繁接触只会愈发强化这种感觉。还有就是，不要只看重交流的次数，也要关注交流的内容是否与自己的生意相关，以及交流性质的好坏。

不要毁在细枝末节上

心理学中有一个“蝴蝶效应”：一只南美洲亚马逊河流域热带雨林中的蝴蝶，偶尔扇动几下翅膀，可能在两周后引起美国得克萨斯州的一场龙卷风。销售中也有这样一个“蝴蝶效应”：一些不注意细节的销售人员，他们在细枝末节上的忽略也直接导致了他们的失败。

一家办公用品公司的销售员来到一家公司，当时这家公司正准备置办一些办公用品，经过半天的讨价还价，终于成交。但是，当他准备把优惠价以及联系方式写给这家公司负责人时，意想不到的事情发生了，他掏出的签字笔竟然写不出字来。一个文具销售人员，自己用的笔竟然写不出字来，这不是滑天下之大稽吗？于是这位负责人很快就告诉他：“你不用写了，你的产品我们决定不要了。”一笔快到手的生意就这样没了。

细节中往往渗透了人心的微妙之处，那些广受欢迎的销售人员往往都是注意细节的人。因为讲求细节，肯定也会处处为消费者着想，让消费者拥有一种安全感，自然可以赢得消费者的好感。

在销售中有一些看似“小”的小事，往往会被人忽视，但小事实际上会起很大的作用，你要用心注意以下几点：

1. 永远让对方先挂电话

对销售人员来说，打电话是家常便饭的事情。但是通话结束后该怎么做，谁先挂电话，这是许多销售人员没有注意的细节，也许有的销售人员会这样说："注意这个干吗？谁想挂谁就先挂了呗。"其实这是销售的一个误区。

对于销售人员来说，消费者可以先挂你的电话，但是你绝不能先挂对方的电话，这是个礼节问题。而且，从心理学的角度来说，被挂电话的一方总会有一种失落感。由此，对方就会对于你之前谈话时表现出来的诚意及良好印象大打折扣。另外，这也会让对方觉得你在处理事情时，较为粗枝大叶，因此，对于所商谈的合作事宜或所交付工作的完成质量，对方可能就会在信任度上产生怀疑。

因此，无论对方的态度是多么恶劣，你也得让对方先挂电话，直到电话的那头响起了忙音，你才可以挂上电话。这虽然是个很小很小的细节，但往往就是这个小的细节，决定着销售成功和失败。

2. 不说对方听不懂的专业术语

许多销售人员在向消费者介绍产品时，都习惯用一些专业术语。例如有些销售员喜欢把"故障"说成"Trouble"，把"机械构造"说成"Machanical"，这些用语若用在同行之间，往往能发挥节省说话时间、加强彼此亲密感及提升效率等效用。但是，消费者却根本就不明白这些话的意思。如果是忽略细节的销售人员，因为平常和同事之间经常使用，因此早就养成了习惯，在面对消费者的时候就会很自然地就挂在嘴上，而忘了消费者是否听得懂。那么你的讲解将得不偿失，反而会降低消费者对产品说明的兴趣。

当然，有时候也需要你用专业性的讲解来让消费者对你产生信任感，但是这种专业性要以消费者能听懂为前提，如果你判断消费者不能听懂的时候，可以恰当地利用举例子、打比方等修辞来给消费者解释，或者干脆介绍时用语普通点，这样才能让消费者充分快速地了解到产品的特质。要是你只顾着从专业的角度为消费者介绍产品，却不顾及消费者的感受，那一定是一次失败的营销。

3. 准确把握时间

在推销活动中，时间观念是最重要的。试想，一位销售人员提前预约了客户见面，但是自己却迟到了，使得客户在约定地点左等右等，这样的情况下，要是销售员没有特殊的情况，对于任何客户来说，肯定觉得自己是不被重视的对象，所以销售员要想做成这位客户的生意的机会也是微乎其微的。

因此，销售人员应该永远记住一条销售真理，那就是准确把握住时间。时间能创造财富，时间也能生成订单，在面谈的时候，消费者给你两分钟的陈述时间，也许这两分钟就让你赢得了一份订单。你去拜访消费者，你准时赶到了，给对方留下了一个好的印象，也许就是这一种好印象，使得消费者对你产生了信任。

很多销售人员之所以获得事业上的成功，主要就得益于他不放过任何一件小事，不小看任何一件小事，并且认真地做好每一件小事。所以，我们也应该多去关注细节、抓住细节，从细节入手达到成功的顶峰，千万不要让自己毁在细枝末节上。

满意度决定忠诚度

销售的目的是什么？也许大部分的销售人员都会说，销售的目的是把产品卖出去，获得利益。事实上，销售的目的不只是为了将产品卖出去，更重要的是让消费者从购买行为中获得价值感，即消费者对自己购买的产品感到满意，感觉自己的购买抉择是明智之举。那么，这个一次性客户就很可能会变为回头客了。

但要使消费者满意可不是一件轻而易举的事，这需要掌握一定的方法和技巧。

那么，怎样做才能让消费者满意呢？

1. **不要给消费者过高的承诺**

现代营销学之父菲利普·科特勒认为，消费者满意“是指一个人通过对一个产品的可感知效果与他的期望值相比较后，所形成的愉悦或失望的感觉状态”。也就是说，消费者满意是建立在期望之上的。期望值的大小决定了满意度的高低，而且它们之间是呈反比例关系的，期望值越小则越容易满意。由此可知，降低期望值是提高满意度的一个重要途径。

而降低消费者期望值的有效的方法就是：不要给予消费者过高的承诺。

例如，如果你的企业能在接到通知之后 18 小时内提供售后维修服务，则可以对消费者承诺 24 小时之内；如果维修人员接到电话后能在 2 小时内赶到，则可以承诺 3 小时之内赶到。

通过这个技巧，使消费者的期望稍低于你的企业服务水准，当你所提供的水准超越了他们的期望后，消费者会有一种满足感。

2. **为消费者提供超值的服务**

超值服务对消费者而言意味着厂家让利，可以提高消费者的满足感，许多企业的发展长盛不衰，很大程度上便是得益于此。

戴尔公司不仅仅是电脑供应商，还是顾客在制订科技策略时的顾问。戴尔公司的科技人员要抽出一定的时间与顾客一同讨论未来的科技走向。

这种讨论可以使顾客事先针对科技的变化而规划适应措施，而不只是被动地接招。戴尔公司所提供的这种超值服务，会使公司与顾客的关系更加巩固，建立起最稳固的信任、诚实及伙伴关系。

当然，提供超值服务并不是越多越好，因为当你向消费者提供了过多或过高的利益时，很容易让消费者下次的期望值建立在这次之上，那时企业的负担就太重了。因此，超值服务的范围应限于那种对消费者来说是极为有用的或非常新鲜的，但对销售人员来说却是难度不大的服务。

3. **妥善及时地处理消费者的不满**

有的销售人员不愿听到消费者的抱怨，他们认为，只要消费者不抱怨，那么他们的产品和服务就是好的，其实这种想法是错误的。消费者不抱怨并不代表他们满意，因为有的消费者认为与其抱怨还不如离开，减少和你公司打交道的次数。尤其是老顾客的抱怨，通常一个老顾客的抱怨代表着其他没有向你抱怨的顾客的心声。提出抱怨的消费者，若问题得到圆满解决，其忠诚度会比从来没有抱怨的消费者更高。

慧慧在一家服装专卖店的宣传册上看到一件非常漂亮的毛衣，却被告知正好卖完了。于是，她便预付了一定的定金，请销售人员帮她订了一件。

一周之后，慧慧来取毛衣。当慧慧拿起毛衣时，却觉得它看起来没有其他款式的质量好，做工粗糙，到处都是线头，而且，颜色也比图片上所显示的要浅。站在一旁的销售人员听到慧慧的抱怨，微笑着说："真是抱歉，不过我敢保证，这种款式的毛衣与其他款式的毛衣的质量绝对是相同的，而且它是刚出厂的货，我们还没有经过任何修剪，所以线头就多了一点。你要是不着急拿回去穿的话，我很乐意帮你把这些线头修得整整齐齐的。颜色的差别多少会有一点，不过我现在知道了，你比较喜欢图片上的颜色，希望你没事常来逛逛，下次我一定给你介绍这种颜色的衣服。”

慧慧听到销售人员真诚的解释，抱怨一下子就没有了，高高兴兴地拿起毛衣回家了。后来，她成了这家店里的常客，而且还介绍了不少的朋友来光顾。

既然消费者对你抱怨，那么他的心里肯定会希望你能解决问题。因此，在应对消费者抱怨的过程中，销售人员最忌讳的就是回避和拖延解决问题的时间。要敢于正视发生的问题，并以最快的速度进行解决，把消费者的事情当成自己的事情来做，站在他们的立场上来思考问题，并对他们的抱怨表示欢迎，而且对消费者表示抱歉……那么，你就一定能够化干戈为玉帛，化抱怨为感谢，化怀疑为信赖。最重要的是，这个消费者可能将会是你永远的顾客。

对于一名销售人员而言，要想成为一个业绩卓著的销售人员，就不仅仅是和消费者做一次生意，而是和他们做永久的生意；而要和消费者做永久的生意，就要让他们满意；让他们满意，他们才能留下来继续支持你；有了老顾客的支持，你才能轻松自如地取得非凡的销售业绩，成为一名高效的销售高手。

把投诉者变成忠实顾客

遭遇消费者投诉是难以避免的事，即使是最优秀的销售人员都避免不了，因为世界上没有完美的产品，也没有百分之百完美的服务，只有日益理性、日益挑剔的消费者。

很多销售人员视消费者投诉为洪水猛兽，认为它必定会为自己和单位带来负面影响。当然，遭遇投诉不是一件愉快的事情。然而，营销学有句名言："投诉的客户才是忠实客户。"因为每一次投诉都能为你带来改善服务质量的机会。而且，你能以恰当的方式处理投诉，那么就可以把怒气冲冲的消费者转变为自己最忠实的客户之一。因此，销售人员应该正确看待，并能正确处理消费者投诉。

有效化解消费者投诉，要求销售人员掌握以下技巧：

1. **做一个倾听者**

当消费者怒气冲冲地带着问题前来投诉时，最重要的是先让消费者平息怒气。

许多销售人员不等消费者说完，就急忙将其打断，迫不及待地进行解释。这是极其错误的行为，这反而会激怒消费者。要知道，消费者向我们投诉，主要的目的是向我们倾诉他们内心的种种不满和意见，希望我们能帮助他们解决问题，而不是来听我们的解释、说明或辩护的。

让消费者倾诉，就能消除其愤怒，使其情绪放松，就像给充满气的气球放气一样。同时，在消费者发泄情绪的时候，用点头、微笑或适当的皱眉，表示你一直在倾听，并认真地记录下他投诉的要点。

期间，你可以提一些开放性的问题，让消费者多说话，例如，"怎样……？""何时……？""谁……？""为什么……？"每当有需要时应立即澄清疑点，但不要提带有判断性的问题，并且避免用不信任的语气质问投诉的消费者，例如，"你肯定事情确实是这样吗？""……恐怕不是你投诉的根本原因？"

此外，还有必要在消费者倾诉时，表示出你的同情和理解。其中一个可取的技巧是，赞同投诉者一些没有谴责成分或不违反你单位的方针和目标的说法。你可以试用以下短语表示对消费者的同情和理解："太不幸了，我感到很遗憾发生这种事情。”“你说得对，谁都不愿遇到这样的事情。”“我知道您为什么这么生气了。”“我能想象你当时是多么的麻烦。”“我非常理解你现在的感受。”

那么，前来投诉的消费者，脾气一定会越来越小的。只有消费者恢复了理智，才能正确地着手处理面前的问题。而且因情绪激动而失礼的消费者冷静下来以后，必然有些后悔，这比我们迎头批评他们要有效得多。

2. **做一个道歉者**

化解消费者投诉时，一个重要的原则就是：“态度第一，技巧第二。”如果不能做到给人诚恳真挚的感受，那么即使眼前的问题解决了，日后双方仍无法建立融洽的关系。

因此，面对前来投诉的消费者，不管是不是你犯错，都要向投诉者真诚地表示歉意。即使投诉者是错的，但致歉总是对的，这是为消费者情绪上所受的伤害表示歉意。

在道歉时，也有技巧需要掌握。

一是要发自内心地向投诉者表示歉意，不能口是心非、皮笑肉不笑，否则就会让消费者觉得你是心不在焉地敷衍他，感到更加不满。

二是不要推卸责任。当道歉时，最惯常的说法是“很抱歉，但是……”这个“但是”否定了前面说过的话，使道歉的效果大打折扣。最常见的例子是，当一家餐厅员工说：“很抱歉，但是我们太忙了！”客人不会在乎“太忙”，反而认为这餐厅员工是在推卸责任。

三是为情况道歉，而不是去责备谁。即使在问题的对与错还不是很明确，需要进一步认定责任承担者时，也要首先向消费者表示歉意，但要注意，不要让他误以为公司已完全承认是自己的错误，我们只是为情况而致歉。例如可以用这样说：“让你感到不方便，不好意思”“给你添了麻烦，非常抱歉”。

总之，你要记住，不管谁对谁错，都必须保证当消费者因不满而找上门时，在态度上总是能够百分百的满意。

3. 做一个问题解决者

有时，你仅仅通过倾听、同情和真诚道歉等就能平息消费者的情绪。但更多时候，会涉及到更换产品、返工或者退款等现实问题。这时，就需要你做一个问题解决者，当你把问题解决了的时候，投诉自然也被化解了。

在处理投诉问题时，一个重要原则就是迅速及时。如果能当场解决问题，绝不要拖延到明天。如果不能当场解决，也要采用合理的方式答复客户。具体来说：对于那些信息充分、可以确定无疑地做出判断，并且有足够权限采取行动的投诉，投诉处理者应立即答复客户，越快越好；对于那些投诉的信息还需要进一步调查或验证才能做出判断，或者没有足够权限采取行动的投诉，投诉处理者应告诉客户延期答复的时限，以及通过何种方式来及时通知他们进展的情况；对于不在你职权范围内处理的投诉，需要转移给规定的专业人员或机构进行答复。当你转移投诉时，你一定要确保将投诉转移给适当的人员或机构处理，并向这些人员或机构扼要叙述全部有关情况，转交相关材料，然后再让投诉客户与这些人联络。总之，一定要力争在最短的时间内卓有成效地解决问题。而且，还要征求消费者的意见，这样做既可以让他感到受到尊重，受到重视，也可以帮助我们更好地解决问题。

总而言之，没有人可以做到十全十美，因此，也不可能保证销售人员永远不发生失误或不引起消费者投诉。关键是如何对待投诉。假如我们能够以合理的方式去对待，并在处理过程中展现出我们真诚热情的服务态度，消费者的情绪散去，投诉的问题也会大事化小，小事化了，最终会是一种圆满。此时，这个消费者不再是投诉者，而转变为了你的一个忠实的客户，一个朋友。

攻击对手等于将消费者拱手相让

在目前市场经济快速发展的今天，销售人员之间的竞争也日益激烈，在推销产品时难免会遇到同行的竞争。于是，我们经常会听到诸如这样的论调："听说购买他家商品的顾客都反映他家的货不实在"，或者"他家的水果农药含量超标，最好别买他家的"，甚至还有"他家的食品含有防腐剂，都被查出过呢，千万别买，还是买我家的吧，我家可是拿了认证的"。

结果真的会像说这些话的销售人员想的那样，能够给竞争对手以打击，从而赢得消费者的心吗？

实际上，恰恰相反，当消费者听到这样的话语时，往往会对销售人员的人品产生质疑。攻击竞争对手，这种损人不利己的行为不仅不会获得消费者的信任，反而可能将消费者拱手相让。最终受到伤害的只能是自己，销售人员在销售活动中一定要明白这个道理。

那么，销售人员究竟该如何对待竞争对手呢？

1. 夸赞竞争对手

有时候，不失时机地夸赞竞争对手反而可以获得意想不到的结果。

销售员秦亮最近十分苦恼，自己在这家机械设备公司已经半年了，却没有拿到一张订单。如今经人介绍，自己也费了九牛二虎之力，终于谈成了一笔50多万元的生意。然而，就在即将签单的时候，他却发现有一家公司的设备更适合客户，并且价格也比他们低很多。"怎么办？该不该告诉客户？如果告诉了客户我那1万多元的提成就泡汤了，而且还会受到上司的责备……”秦亮陷入深深的矛盾之中。

最终，秦亮的商业道德还是战胜了自私自利。他坦诚地将实际情况告诉了客户，客户感动得无法用语言来表达。当然，秦亮也失去了这笔生意。不过，他却赢得了这位客户的信任，还与客户成了朋友。在后来的一年中，秦亮仅通过该客户介绍就做成了好几百万元的生意，在业内赢得了很高的声誉。

到手的生意为什么要放弃呢？也许会有很多销售人员很难理解秦亮的做法。但我们最后看到的是他虽然失去了一笔生意，却因此得到了更多的生意，塞翁失马焉知非福，哪怕是对竞争对手有利，也以消费者利益为先，就如同在消费者面前让自己的人品先行，那么持续地获得订单自然就水到渠成了。

2. **不贬低诽谤**

如果实在做不到夸赞对手，至少也要做到不贬低诽谤同行业产品，这是作为一个销售人员铁的纪律，请记住：把别人的产品贬得一无是处，绝不会给自己的产品增加一点好处。

下面一位消费者的自述就生动地诠释了这一道理。

一名采购人员讲述了自己的一次经历。一次，他在市场上招标时，需要购入一大批包装箱。收到的两项投标中，一项来自曾与自己做过多次生意的公司，另一个来自一个陌生的公司。那个曾经做过不少次生意的公司的销售经理找上门来，询问他还有哪家公司投标。他告诉这名销售经理是哪个公司，没有告诉他其他信息。这名经理马上说那家公司太小了，根本无法按照要求发货，很有可能耽误供货时间，选择那家公司是很有风险的，等等。采购员听完这些话后，明显感到了这名经理对于另一家公司的攻击，但是这番话反而引起了采购员对于那家小公司的兴趣，于是他去了那家公司进行考察。结果，这名采购员同那家小公司签了订单。

其实，做生意就像是做人，背后说人是非，暴露的是自己品德的缺失。销售人员在生意中攻击竞争对手，危害到的是自己的形象，只会使自己失去消费者的信任。

3. 把对手变成盟友

和为贵、合则全，这是自然的法则，销售人员之间更应该如此——和气生财。竞争对手在市场上应友善相处，豁然大度，切不可“暗箭”伤对手，也无须“同室操戈”。只有同心协力才能求共同发展。

埃伦是一个卖砖商人，有一段时间，因为另一位对手的恶意竞争而使其陷入困难之中。因为对方在他的经销区域内定期走访了建筑师与承包商，并告诉他们：埃伦的公司不可靠，他的砖块不好，其生意也面临即将歇业的境地。

虽然埃伦对别人做了解释，但是这件事还是给他带来了不少的麻烦，使他心中生出无名之火，真想“用一块砖敲碎那人肥胖的脑袋来发泄”。

之后的一个星期天的早晨，埃伦去听牧师讲道。那天讲的是：要施恩给那些故意跟你为难的人。

埃伦说：“我把每一个字都吸收下来。就在上个星期五，我的竞争者使我失去了一份25万块砖的订单。但是，牧师却教我们要以德报怨，化敌为友，而且他举了很多例子来证明他的理论。”而且，就在当天下午，埃伦在安排下周日程表时，发现住在弗吉尼亚州的一位顾客，正因为盖一间办公大楼而需要一批砖，而所指定的砖的型号却不是他们公司制造供应的，反而与那个“满嘴胡言”的竞争对手出售的产品很类似。同时，他也确定那个人完全不知道有这笔生意。

这让埃伦感到十分为难，是需要遵从牧师的忠告，告诉对手这项生意，还是按自己的意思去做，让对方永远也得不到这笔生意？

内心挣扎了一段时间，埃伦决定听从牧师的忠告，当然，也许他是因为很想证实牧师是错的，于是拿起电话拨到竞争对手家里。

接电话的人正是那个对手本人，当时他拿着电话，难堪得一句话也说不出来。但埃伦还是礼貌地直接告诉他有关弗吉尼亚州的那笔生意。结果，那个对手很是感激埃伦。

埃伦说：“我得到了惊人的结果，他不但停止散布有关我的谎言，而且甚至还把他无法处理的一些生意转给我做。”

埃伦的心里也比以前感觉好多了，他与对手之间的关系也得到了改善。

在商界中流传着这样一句话：“商场上没有永远的敌人，只有永远的朋友。”坚持“和气生财”就能实现互利共赢。销售人员之间，不应有冤家路窄之感，而应友善相处，豁然大度。这好比两位武德很高的拳师比武，一方面要分出高低胜负，另一方面又要互相学习和关心，胜者不傲，败者不馁，相互间切磋技艺，共同提高。

总之，请时刻谨记：你攻击你的竞争对手，就等于将消费者拱手相让，受伤的只会是自己。所以不要攻击你的竞争对手，并且还要为他说好话，和他做朋友。

▍附录▍
消费者非语言信息中暗藏的心理学

人类除了语言之外，还有一种非语言形式。对于销售人员来说，如果你可以读懂消费者非语言信息中暗藏的心理学，然后从消费者的心理需求出发，说他们喜欢的话，推销他们需要的产品，并为他们提供满意的服务，这样才能将消费者引领到你所期望的方向，最终实现自己的销售目的。

1. 眼睛：了解真实想法

眼睛所传递的信息是最有价值也是最为准确的。销售人员在和消费者谈话的时候，观察消费者的眼睛，就能更好地了解他们的真实想法。因此，你就要学会关注顾客的眼睛，读懂顾客眼睛里所表达的意思。一般地，在销售中，顾客的眼神有以下几种类型。

（1）柔和友好型。这样的顾客是善良的、真诚的，对人很少有戒心。在面对销售人员时会眉眼含笑，嘴角也有笑意，表现出对人的热情和好感。这样的顾客是销售人员喜欢遇见的，即使生意不成，也会带着愉快的心情离开。

（2）怀疑型。大多数人对待销售人员都是充满了怀疑，因此看销售人员的眼神也会充满不信任。顾客在购买商品时总是比较谨慎的，如果销售人员提供的信息没有足够的说服力就会引起顾客的怀疑。顾客的眉头就会微皱，眼睛的瞳孔变小，眼睛里透露出迟疑的神情。

（3）好奇型。如果销售人员的商品有很多有趣的地方，这时顾客的眼睛瞳孔放大，眼皮抬高，盯着销售人员或者商品仔细地看，表现出很大的兴趣。有些商品有着奇特的功能，在制作工艺上很有技巧性，如果顾客之前没有见过这样的商品，就会为商品的奇特性所吸引，并表现出惊讶。他们的瞳孔会变大，嘴巴微微张开。如果销售人员能够有效地进行引导，就会促使顾客购买。

（4）沉静型。这些人眼睛的瞳孔总是保持自然状态，眼皮不动，冷静地看着销售人员，这说明销售人员的商品或者话题对顾客来说不足为奇，无法引起顾客的兴趣。这样的顾客一般见多识广，很有主见，而且很沉着，不会被销售人员华丽的说辞所迷惑。对待这样的顾客，用真诚的服务和优秀的商品品质来打动他是最实际的。

推销就是一种人与人之间的交流，两个人在交流的时候注视着对方的眼睛是对别人尊敬的表现，同时也能从对方的眼睛中读懂一些东西，从而把握对方的心理，这样才能够有针对性地去应对各种状况，克服不利因素的影响，获得顾客的信任和喜欢，使销售顺利进行。

2. **眉毛：洞察真实情感**

古人将眉毛称为“七情之虹”，因为它可以表现出不同的情态。通过眉语人们不仅能够传达出很多意思，还可以彼此进行交流，比如我们经常说的“挤眉弄眼”“眉来眼去”“暗送秋波”等就是一种交流，一种暗示。而通过分析对方的眉毛所表达出来的情态，了解对方的意思，叫做“察眉”。在销售过程中，我们也可以通过“察眉”了解到顾客的心理变化，洞察顾客心中的真实情感。

（1）扬眉：表示高兴的神态和心情。如“扬眉吐气”。具体状态是双眉扬起，略向外分开，眉间皮肤伸展，使眉间短而垂直的皱纹拉平，而整个前额的皮肤向上挤紧，造成水平方向的长条皱纹。如果销售人员的商品正合顾客的口味，使顾客有一种“踏破铁鞋无觅处”的欣喜，顾客就会眉开眼笑，眉毛就会扬起，表示欣喜和愉悦。而如果顾客是一条眉毛上扬，一条眉毛下降，这样的表情像一个“？”，表示心中有疑问，对销售人员介绍的商品心存怀疑或者还有不理解的地方。这就需要销售人员进一步证明或者加以解释。

（2）皱眉：双眉皱起，脸部也跟着上扬，额头出现长长的水平皱纹，这样的表情表示不高兴、不耐烦，或者很为难。这说明顾客对销售人员说的话或者推销的商品很不满、不喜欢，而且不愿意再听销售人员啰嗦，有很强的抗拒心理。

（3）耸眉：眉毛上扬，停留一会儿又降下，同时伴有撇嘴的动作，这表示的是一种厌烦和不欢迎。有时也表示一种无奈。比如，顾客以前有过不愉快的经历，或者购买过不好的同类产品，如果你恰好又去推销，顾客就会产生抗拒心理，耸眉，露出不愉快的表情，并表示不愿意接受。这样的话，销售人员要保持冷静，对顾客的心理表示理解，用最有力的保证去说服顾客。

（4）闪眉：眉毛上扬，又立刻降下，像闪电一划而过，同时还伴着扬头和微笑的动作。眉毛闪动是惊喜的一种表现，表示眼前一亮，对对方的到来很欢迎。如果顾客有这样的表情，那么成交就是很有希望的事情了。

此外，还有很多含义深刻的“眉语”，如眉开眼笑、眉飞色舞表示喜悦或得意的神态；双眉紧蹙表示忧愁不快乐；横眉表示愤怒，如横眉怒目；愁眉苦脸形容发愁苦恼、心事重重等。销售人员要善于通过顾客的眉语来了解其内心情感，并学会以眉语与其进行交流，使彼此通过各种无声的语言相互感染，有效地传达自己的意思，从而产生共鸣，使顾客接受自己。

3. **手势：识破说谎信息**

有时候销售人员对顾客所说的话摸不着头脑，不知道顾客的话是真是假。但是有一点是要明确的，那就是顾客尽管说了谎，但是嘴上却说得好好的，让销售人员信以为真。但是不管顾客怎样说谎，顾客的手势却是不能隐藏这些说谎信息的。

（1）遮住嘴巴：当顾客说谎话的时候，他们往往会不自觉地用自己的手遮住自己的嘴巴。遇到这种情况，你应该停止交谈并且询问顾客，“您有什么问题吗？”或者“我发现您不太赞同我的观点，让我们一起探讨一下吧。”这样就可以让听顾客提出自己的异议，销售人员也有机会来解释自己的立场并且回答顾客的问题。

（2）触摸鼻子：美国芝加哥嗅觉与味觉治疗与研究基金会的科学家们发现，当人们撒谎的时候，一种名为儿茶酚胺的化学物质就会被释放出来，从而引起鼻腔内部的细胞肿胀。科学家们还通过可以显示身体内部血液流量的特殊成像仪器，揭示出血压也会因为撒谎而上升。这项技术显示人们的鼻子在撒谎过程中会因为血液流量上升而增大，科学家们将这种现象命名为“皮诺基奥效应”。血压增强导致鼻子膨胀，从而引发鼻腔的神经末梢传送出刺痒的感觉，于是人们只能频繁地用手摩擦鼻子以舒缓发痒的症状。所以，你要是与顾客交谈的时候发现顾客触摸自己的鼻子，那很有可能是顾客在撒谎。

（3）揉擦眼睛：根据实验表明，大脑通过摩擦眼睛的手势企图阻止眼睛目睹欺骗、怀疑和令人不愉快的事情，或者是避免面对那个正在遭受欺骗的人。如果顾客表面上看起来对你的话很感兴趣，但是他们却时不时地用手揉擦自己的眼睛，那么表明他们实际上对你的谈话不感兴趣。

（4）抓挠耳朵：当你和顾客谈妥之后，你拿出订单，要顾客在上面签字，但是顾客却用手抓了抓自己的耳朵，这一个细微的动作表示的是顾客对你的产品不是真正的感兴趣，也许只是嘴上说你的产品有如何如何的好。

（5）抓挠脖子：当顾客在听你说话的过程中，时不时地用手指抓挠脖子，那是顾客疑惑和不确定的表现，等同于他在说“我不太确定是否认同你的意见”。当口头语言和这个手势不一致时，矛盾会格外明显。比如，顾客说“我非常喜欢贵公司的产品”，但同时他却在抓挠脖子，那么，我们可以断定，实际上他并不喜欢。

（6）拉拽衣领：德斯蒙德·莫里斯发现了一种现象，就是撒谎会使敏感的面部与颈部神经组织产生刺痒的感觉，于是人们不得不通过摩擦或者抓挠的动作消除这种不适。这种现象不仅能解释为什么人们在疑惑的时候会抓挠脖子，它还能解释为什么撒谎者在担心谎言被识破时，就会频频拉拽衣领。

这是因为撒谎者一旦感觉到听话人对他的话产生了怀疑，那么他的血压就会上升，上升的血压会使其脖子不断地冒汗，因此他不得不去拉拽自己的衣服。只要顾客和你交谈时出现了这样的动作，那么可以肯定地说，顾客是在说谎。

（7）手指放在嘴唇之间：大部分用手接触嘴唇的动作都与撒谎和欺骗有关，但是将手指放在嘴唇之间的手势却只是内心需要安全感的一种外在表现。所以，遇到做出这个手势的顾客，你不妨给予他承诺和保证，这将是非常积极的回应。

顾客为了尽快地把你打发走，他们就会频频点头认可你的产品，并且也说对你的产品表示出很大的兴趣，但是他们会找借口说过几天给你答复。当时也许你会信以为真，但事后你又会后悔莫及，所以你必须识破顾客的这种谎言，最好的方法就是识别他们的手势动作。

4. **走姿：摸透性格特征**

一个人走路的姿势则是体现其性格特征的重要方面。因此销售人员要想在短时间内摸透顾客的性格，洞悉顾客的心理，熟悉顾客的办事风格，就需要对顾客的行走方式留心观察，从中看出顾客的性格特征。这样销售人员在销售中就会有针对性地去应对顾客，提高销售的效率。

（1）昂首阔步型：顾客走路抬头挺胸、昂首阔步、铿锵有力，一副成竹在胸的样子。这样的顾客是非常自信的，聪明好学，知识丰富，主观意识比较强烈，做事情反应迅速、有条不紊，有很强的组织能力，一般在工作和事业上会比较成功。其缺点在于有时候太过自信，看不起别人，使自己被孤立，人际关系不是很好。面对这样的顾客，销售人员应该以同样的自信去应对，使自己的语言明确、条理清晰，对顾客提出的问题能够自如应答，这样才会赢得顾客的信赖。如果销售人员表现得吞吞吐吐、拖泥带水、啰啰嗦嗦，则会让顾客感到怀疑和厌烦，使交易失败。相信顾客说的话，自信的顾客不希望自己受到质疑。

（2）慢条斯理型：这样的顾客走路总是缓慢的、小心谨慎的，而且也不喜欢东张西望，头往往是微低着。这是一种内向、害羞的表现，往往给人一种冷漠的感觉。其实他们的内心是热情的，而且非常渴望与人交往，是典型的“外冷内热”型的人。如果你主动去接近他，就会发现其实他们为人善良诚恳，修养很高，做事很谦虚，并且重情重义。面对这样的顾客只要销售人员能真诚相待，多给顾客一些理解和关怀，是很容易感动他们的。销售人员在与这样的顾客谈判时，切记不能急躁，应该顺着顾客的步调，太急反而给顾客带来压力，遭到顾客的拒绝。

（3）步履匆匆型：有的顾客走路总是健步如飞，风风火火，不顾左右，这样的顾客是典型的行动主义者。他们往往会表现得精力充沛，办事雷厉风行，从不拖泥带水。这样的顾客办事讲求效率，对事情不推诿、不搪塞，但是有时候难免因为急躁而显得草率，容易出现纰漏或者发生错误。销售人员在应对这样的顾客时，要多为顾客着想，在顾客容易出错的地方给其善意的提醒，为顾客做好售后服务，这样才能满足顾客的心理，得到顾客的认可。

（4）横冲直撞型：有的顾客在走路时，不管是人多人少，都如踏进无人之境，只顾自己横冲直撞而不考虑别人的感受，这样的顾客会让人感觉有些不近人情，因此也容易得罪人，把事情办砸。但是这样的人的可爱之处在于为人坦率真诚，性子直，不会耍心眼，又让人比较容易接近。和这样的顾客谈生意，销售人员一定不能弄虚作假，即使你有半点的虚伪也会让顾客无法接受。只要你诚心诚意地对他，得到他的信任，他甚至会把自己的朋友介绍给你，来照顾你的生意。但是如果你得罪了他，就会损失很多的顾客。

(5) 踱方步型：踱方步，这样走路的顾客往往会比较庄重和严肃，对事情认真负责，做事情很理智，不会因为一时冲动而做出什么决定，务实和精明是这类顾客的特点。销售人员如果碰到这样的顾客，就要以认真的态度对待，尽量少和顾客开玩笑，以免因自己的不庄重而让顾客反感。在谈判时话题要力求务实，用实际效果来说服顾客，而不是发表空洞的长篇大论。

5. 坐姿：了解心理状态

坐姿其实就是一种习惯，这种习惯也就反映了人的性格，同时也表露了顾客的心理。

(1) 骑跨在椅子上：骑跨在椅子上的人喜欢把腿放在椅子扶手上，这种人想借椅子获取支配与控制的地位，同时，也希望借椅背来保护自己，因为椅子的后背可以扮演盾牌的角色，它不仅能保护人的身体，还会让骑跨在椅子上的人产生挑衅与支配的欲望。习惯于骑跨椅子的人一般行为相当谨慎，他们能够在不引起他人注意的情况下，完成从正常坐姿向骑跨坐姿的转换。面对这种坐姿的顾客，你要想使顾客把腿放下来，有一个最简单的办法，让该顾客改变坐姿，那就是站在或者坐在他的身后，因为这样能够让他感到自己容易遭受攻击，从而不得不改变坐姿。

(2)“弹弓式”坐姿：这种坐姿意味着冷酷、自信、无所不知，这种坐姿还伴随着把手放在后脑勺上的动作。有这种坐姿的顾客大多是男性，这种顾客通常用这种姿势给销售人员施压，或者故意营造出一种轻松自如的假象，以此麻痹销售人员的感官，让销售人员错误地产生安全感，从而在不知不觉中踏中他预先埋好的“地雷”。针对这种顾客，要想“攻克”他，你只需要跟他一起做出“弹弓式”姿势就能有效地应对他的挑衅，因为通过模仿他的动作，你们之间又重新形成了平等的地位。这样，顾客对你的态度也会有大的改观。

（3）准备就绪的坐姿：这种坐姿一眼就能看出来，如果顾客在听完你的陈述后做出准备就绪的坐姿，而且交谈的气氛又相当融洽，那么这个时候你可以大胆地询问对方的想法。你多半能得到肯定的回答。你向目标顾客推销商品的时候，如果顾客在抚摸下巴的动作之后，紧接着做出准备就绪的坐姿，那么顾客给予肯定回答的概率会超过一半。相反，如果在销售人员给予购买意见之后，顾客先是抚摸下巴，继而双臂交叉的话，这笔生意很可能就谈不成。

（4）起跑者的姿势：这种姿势传达出一种结束会谈的愿望。表达这种愿望的肢体语言包括身体前倾，双手分别放在两个膝盖上，或者身体前倾的同时两只手抓住椅子的侧面，就像在赛跑中等待起跑的运动员一样。如果你和顾客交谈的过程中，顾客做出了这样的动作，那么你最好重新引导他对你所推销的产品产生兴趣，或者尝试转换话题的方向，或者干脆结束你们的会谈。

正所谓“站有站相，坐有坐相”，一个人的坐姿也在一定程度上反映着一个人的个性和修养。在销售中，当销售人员与顾客进行谈判的时候，顾客的不同坐姿可以反映出他的态度和心理。销售人员要善于从顾客的坐姿中发现有价值的信息，为自己的销售提供指导，摸准顾客的内心，增加成交的可能，提高销售的效率。

6. 笑语：发现真正含义

销售人员在与顾客的交往中，顾客也会有很多发笑的时候，销售人员只有善于观察和分析，才能够发现笑背后隐藏的真正含义，从中解读出顾客的内心，把握顾客传递出来的信息。

（1）含笑：含笑是一种程度最浅的笑，它不出声，不露齿，仅是面含笑意，意在表示接受对方，待人友善。一般的顾客为了表示礼貌，都会含笑对待销售人员，即使不喜欢销售人员的商品也不至于怒目而对。

（2）微笑：微笑是一种比含笑的程度稍微深一些的笑。它的特点是面部已有明显变化：嘴角向上移动，略呈弧形，但牙齿不会外露。它是一种典型的自得其乐、充实满足、知心会意、表示友好的笑。在人际交往中，其适用范围最广。顾客对销售人员微笑，说明顾客是友好的，易于接近的，特别是一向严肃的顾客如果某一次终于对你报以微笑，那么成交的可能性就很大了。

（3）轻笑：轻笑比微笑的程度更深。面容进一步发生变化：嘴巴微微张开一些，上齿显露在外，不过仍然不发出声响。它表示欣喜、愉快，多用于会见亲友、向熟人打招呼，或是遇上喜庆之事的时候。轻笑的顾客表示他很愿意见到你，或者对你的商品很感兴趣，有愿意接受的心理。

（4）浅笑：浅笑又俗称抿嘴而笑，表现为笑时抿嘴，下唇大多被含于牙齿之中。它多见于年轻女性表示害羞之时。浅笑表示顾客说错了话，或者因为某些话题让人不好意思而显示出的一种害羞，这时销售人员已经获得顾客的好感，被顾客所认同。

（5）大笑：大笑是程度很深的一种笑，面容变化十分明显：嘴巴大张，呈现为弧形；上齿、下齿都暴露在外，并且张开；口中发出“哈哈哈”的笑声，但肢体动作不多。它多见于欣逢开心时刻，心情欢快，或是高兴万分。大笑说明顾客很尽兴，或者内心充满极大的愉悦，这时销售人员适时地提出成交要求，则很可能会获得成功。

（6）苦笑：苦笑一般出现在遇到比较为难又无法解决的问题的时候，表现了人们内心的一种无奈和痛苦。在与销售人员的谈判中，如果销售人员给了顾客很多的压力或者条件很苛刻，顾客一时难以做出决定，就会表现出无奈的苦笑。这时销售人员不能够再给顾客施压，否则很可能使交易走向失败，而应该真诚地为顾客提供解决的方案，帮助顾客寻找两全其美的方案，解除顾客的无奈和痛苦，才会得到顾客的感激和信任。

（7）掩着嘴笑：这种笑往往出现在发现别人犯了不该犯的小错误，或者做出比较怪异的动作、说出不合常理的话，而偷偷发笑，这种笑并没有嘲讽的意思，而是充满了善意。在销售中，如果销售人员的讲解或者认识显得比较肤浅和幼稚时，就会引起顾客掩嘴而笑。这样的顾客往往知识比较渊博，思维灵敏，比较大度，富有涵养。在销售人员面前会表现出一种优越感和成就感。当发现顾客抿嘴偷笑时，销售人员不必感到尴尬，用幽默的方式进行自我解嘲，反而会让自己显得可爱，更加拉近彼此的距离。

(8) 皮笑肉不笑：一种很轻蔑的笑，表示对别人的不屑一顾，或者对别人的观点不敢苟同。大多出现在比较严肃的顾客身上。如果销售人员所推荐的商品或者所说的话无法赢得顾客的信任，顾客就会报以不以为然的笑。面对顾客的这种笑，销售人员不必灰心和失望，而应该积极地寻找突破口，改变话题，引起顾客的兴趣，并用翔实而有力的证据说明自己商品的信誉度，进而使顾客相信并接受自己的观点。

不同的笑反映出人们不同的心情，也反映出了人们不同的性格，笑不仅是一种外在的语言，还是内在心理的外露。因此，善于从笑中发现顾客的性格和心理，会给销售带来很大的帮助。

7. 吃喝：判断性格特点

销售人员有许多和顾客共同用餐的机会，聪明的销售人员在吃饭时不但可以照顾他的顾客的胃，让他享受幸福的一餐，而且还能细心地观察顾客吃喝的喜好和吃相，以此来判断他的性格，从而讨得他的欢心，使谈话朝着有利于自己的方向进行，最终把商品成功地销售给顾客。

(1) 从食物上来看：爱吃大米的顾客，性格稳重谨慎，喜怒不形于色。他们往往精打细算，有较强的忍耐力，善于自得其乐，很少自寻烦恼，待人处事比较圆滑，不喜欢帮助别人。与这类顾客打交道，销售人员一定要务实，为他们提供价格适中的产品。爱吃面食的顾客，性格热情爽朗、心直口快，喜欢夸夸其谈，情绪不稳，容易冲动，做事不计后果，遇到挫折容易失去信心。与这类顾客打交道，要抓住他们心无城府的特点，清楚他们的购买底线，为自己争取最大的利润，但千万不要太贪心，把顾客当成冤大头，不然，顾客一时冲动拒绝购买产品，将会带来难以估量的后果。爱吃油炸食品的顾客，性格热情，喜欢冒险，总想干一番事业，可是一碰到挫折就灰心丧气。如果你想销售一些新商品、新服务，这类顾客往往是你最好的选择。

（2）从吃相上来看：吃饭时喜欢细嚼慢咽的顾客，一般都受过良好的教育，有较好的修养。他们往往性格稳重诚恳，做事讲究事实根据，但是缺乏冒险精神。和这类顾客打交道，销售人员一定要表现出良好的修养，尽量多为顾客提供一些事实数据，这样能够得到他们的信任。吃饭时喜欢狼吞虎咽的顾客，他们往往都是急性子，做事风风火火，可是常常犯考虑不周的毛病。和这类顾客打交道，销售人员一方面要理解顾客的急切需要，同时又要按部就班地为顾客提供满意的服务。吃得多可是却骨瘦如柴的顾客，他们往往非常小气，总希望用最少的钱买最好的东西。和这类顾客打交道，销售人员一定要坚守自己的底线，能做就做，不能做就不做，不要无限制地退让。

（3）从喝酒上来看：选择低度白酒的顾客往往思想保守，人际关系融洽。他们拥有积极乐观的生活态度，可是有时“心太软”，即使伤害自己的人向自己求助，也会不计前嫌，倾力相助。他们善于营造谈话的气氛，到哪里都受人欢迎。可是他们常常过于关心别人，有时容易被别人利用。因此，销售人员要尽量示弱，这样容易引起顾客的同情，有利于销售成功。选择高度白酒的顾客，个性好强，无论什么事情都希望自己能够做主。他们容易向别人袒露自己的心声，对小事漠不关心。他们喜欢反抗权威，热衷于冒险和挑战。因此，销售人员要多征求他们的意见，让他们感到受尊重，这样容易获得他们的好感。选择啤酒的顾客，性格比较温和，喜欢帮助别人，逢迎别人，但是他们遇事常常没有自己的主见，不知道该怎么办。因此，销售人员要主动帮他们拿主意。选择红酒的顾客，有一种天生的高贵和优雅，他们喜欢的其实并不是红酒，而是红酒所显示的身份，他们讲究身份、注重地位，这些人一般有很强的经济实力。因此，销售人员一定要显示出自己高雅的品位和良好的修养，凡事有自己独特的见解和想法，这样容易获得顾客的好感。向顾客推荐商品时，要推荐质量和品质都是一流的商品，这些顾客往往对金钱不在乎。

8. **吸烟：解读心理和性格**

吸烟反映了一个人的内心需要，我们可以从他吸烟的动作和拿烟的习惯来解读他的心理和性格。

（1）从吸烟动作来说：顾客仰头向上吐烟，说明他是一个很有自信的人，常常给人一种居高临下的感觉。面对这样的顾客，销售人员一定要不卑不亢，这样才能博得他们的好感。顾客向下吐烟圈，那说明他正在思考一些事情。面对这样的顾客，销售人员一定要有耐心，等待顾客的决定。在等待的过程中，你也可以猜测一下顾客的决定，然后想出相应的策略。顾客吸烟的速度和他情绪的积极性相关，如果他吸烟的速度很慢，说明事情很棘手，他正在考虑怎样对付你。面对这样的顾客，你要全盘思考，找出应对之计。顾客吸烟时一直不断地磕烟灰，说明他心里非常不安和矛盾。面对这样的顾客，你要设身处地地为他着想，找出他内心不安和矛盾的根源，然后替他解决，这样你就能成功地“俘虏”他。顾客点燃了一支烟，可是没吸几口，就把烟掐灭了，这说明他想赶快结束谈话，或者说他心中已经有了主意。

（2）从拿烟习惯来说：“O”形拿烟法，即顾客用大拇指和食指的指尖拿烟，两根手指形成一个小圆圈，其他手指则非常优雅地伸展开来。这样的顾客往往说得比唱得好听，可是他心里正在为你设置一个陷阱，等着你跳下去。面对这类顾客，销售人员要多长一个心眼，不但要听他说的话，还要分析他讲话的内容，不然就会被他捉弄。标枪式拿烟法，即把烟夹在拇指和食指的尖端，其他手指则缩向掌心，看起来好像是抽烟的人在投标枪。这类顾客往往脾气暴躁，给人一种很凶狠的感觉。面对这类顾客，销售人员要善智善勇，积极地和顾客周旋，避免顾客的霸王条款。握拳式拿烟法，这类顾客大多有过贫穷和饥饿的经历，所以他们形成了节约的习惯。即使他们取得了很大的成就，他们的内心仍有深深的自卑感。面对这些顾客，销售人员一定要小心谨慎，每说一句话、每做一个动作都要考虑他们的感受，以免触到他们的伤疤和痛处，让到手的生意又飞了。

销售人员应该学会发现，善于观察，一个平常的吸烟动作，一个随意的拿烟姿势，就在无声地告诉你对方的性格和心理。观察到了这些情况，无疑对你的销售工作是非常有利的。

9. **服饰：评估购买力**

服饰是一个人的社会符号。从服饰上可以看出一个人的经济水平、文化程度、社会地位、家庭教养、思想品行等。因此，销售人员要善于观察和分析，由表及里，洞察消费者表面之下的真实情况，对消费者进行准确定位，使销售有的放矢。而其中十分重要的一个方面，就是销售人员要善于从服饰来评估消费者的购买力。

（1）服装：不同经济水平的人，在穿着上也是各有特色的，从其服装的款式、质地很容易判断出一个人的经济实力。一般地，女性对服饰是十分看重的，因此也比较容易看出其在经济地位上的差别。那些服装款式比较新、面料优质的时髦女性，大多都是收入比较不错的，生活宽裕，经济负担轻，在消费上比较慷慨大方，舍得在与个人生活和事业紧密相关的地方花钱。相对来说，男性的服饰不会像女性那么具有很大的区别。一般来说，年轻的男性白领在服饰上会表现得比较张扬，在吃穿用度上有自己的新主张，追求时尚、健康，服饰以舒适、简洁、个性为特色。而成熟稳重的成功男士，其服饰的样式会比较简单，但是面料却是非常好的，多为毛料、纯棉、真丝，既有光泽又很平滑。学会从服饰看一个人的经济实力和消费品位，就很容易在销售时巧用应对策略，让不同的顾客都买到自己喜欢而且满意的商品，为自己赢得更多的利益。

（2）鞋子：鞋子也可以显示出一个人的经济水平，因为鞋子一般不会像衣服那样容易过时，甚至以跳楼价出售，所以一个人可能用低廉的价格买到质量比较好的衣服，却买不到质量好的鞋子。那些服饰华丽而鞋子普通的人，一般不是很有钱，而衣着普通，鞋子高档的人则正好相反，经济实力应该不错。

（3）配饰：看人除了服饰、鞋子外，还可以从顾客身上的一些小佩饰发现其审美倾向和经济实力。戴真金、钻石、美玉的顾客其经济实力自然是很强的，而佩戴一些别致精美的佩饰的顾客也是不容忽视的，他们的品位比较高，消费上也是舍得投入的。

总之，销售人员对顾客的观察应该是全面的、仔细的，从整体以及细节上来准确判断顾客的消费层次和购买能力，从而有针对性地实施销售，必然会收到事半功倍的效果。